纸上耕耘　润泽心田

Expatriates of No Country

何处为家

The Letters of
Shirley Hazzard and
Donald Keene

雪莉·哈扎德
和唐纳德·基恩的
书信情谊

Brigitta Olubas

〔澳〕**布里吉塔·奥卢巴斯** 编

王 璨 译

中国出版集团 东方出版中心

图书在版编目（CIP）数据

何处为家 ：雪莉·哈扎德和唐纳德·基恩的书信情谊 /（澳）布里吉塔·奥卢巴斯编 ； 王璨译 . —上海 ： 东方出版中心，2025. 5. -- ISBN 978-7-5473-2696-1

Ⅰ. K833.135.6； K836.115.6

中国国家版本馆 CIP 数据核字第 2025FB8541 号

上海市版权局著作权合同登记 图字：09-2025-0077 号

何处为家：雪莉·哈扎德和唐纳德·基恩的书信情谊

编　　者　〔澳〕布里吉塔·奥卢巴斯
译　　者　王　璨
策划/责编　戴欣倍
装帧设计　钟　颖

出 版 人　陈义望
出版发行　东方出版中心
地　　址　上海市仙霞路345号
邮政编码　200336
电　　话　021-62417400
印 刷 者　上海盛通时代印刷有限公司

开　　本　710mm×1000mm　1/16
印　　张　16.5
字　　数　208千字
版　　次　2025年5月第1版
印　　次　2025年5月第1次印刷
定　　价　88.00元

目　录

序　言

　　本书通过两位非凡作家雪莉·哈扎德（Shirley Hazzard）和唐纳德·基恩（Donald Keene）的书信往来，讲述了他们关于友谊的故事。他们因共同的朋友伊万·莫里斯（Ivan Morris）去世而相识。莫里斯和基恩一样，也是一名专注日本文学的学者。他于 1977 年不幸英年早逝。悼念活动为两人的会面提供了契机，由此开启了他们长达三十年的通信。在第一封信中，基恩给哈扎德寄去了他为莫里斯撰写的悼文，这篇悼文完美融合了对逝者的个人感情与对其专业能力的欣赏，既高度赞扬了莫里斯的古怪与博学，同时也表达了个人的失落。基恩在回忆中所强调的各种品质，打开了一扇窗，从中我们可以一窥他与哈扎德共同的价值观，也让人感受到他们建立起这段友谊是何使然。在这段友谊中，他们相互欣赏，义无反顾地拥抱学识、高雅文化、美和成就。他写道：

　　（莫里斯的）英文功底是大师级的：他将井原西鹤（Saikaku）的一部作品译为《一位多情女子的一生》（*The Life of an Amorous Woman*），让人联想起笛福的写作风格，令人目眩神迷。他曾告诉我，他已核实了译文中每个词在 18 世纪的用法。毫无疑问，查找所有单词的过程是枯燥乏味的，但他就是这样不遗余力，这使译文的效果别具一格。[1]

几年后，基恩寄给哈扎德一本《遇见日本》（*Meeting with Japan*）。该书收录了他受托为报纸《东京新闻》（*Tōkyō Shimbun*）撰写的系列文章，其主题为"日本于我的意义"[2]。在回信中，哈扎德借鉴了他对在日本的复杂处境的理解，表达了自己与意大利的关系，她每年有部分时间居住在意大利：

> 我记得您在《遇见日本》一书中提及，您的幸福依赖于日本，由此，毋庸置疑，日本亦能于您之不幸予以慰藉。对于许多人来说，这样的地方即使在想象中也是不存在的。而我仅在"我"选择的土地上生发出的部分快乐，就是福楼拜在尼罗河上描述的那种幸运感，即一个人能够意识到，并以此种意识看待这一切时所怀有的感恩之情。我想，尽管没有趋于极度平静的欢欣，您和我一样，在饱经沧桑并亲历他乡生活后，才体会到这一点。就我而言，这种地域意识在童年时期几乎不存在，或许这是为成年后不断增强的愉悦感所蓄积的。[3]

两人在谈到自己"所选之地"时，都表现出极大的虔诚："我与京都这座城市的不解之缘，只能用一见钟情来描述。"[4]"我来到（那不勒斯）怦然心动。我知道这正是我想去的地方。我快乐起来……生平第一次，我真正知道什么是快乐。它成为我生命的一部分，我终于明白那种感受。"[5]他们的友谊若隐若现地勾勒出移居者的共通之处——充满偶然、热情洋溢，却常怀孤独。

两人都远离自己的出生国，过着充实的生活。基恩在战争期间曾在美国海军部队学习日语，并在日本驻扎过一段时间。战后，他赴哥伦比亚大学、哈佛大学、剑桥大学和日本深造日语。自20世纪70年代起，他在哥伦比亚大学教授春季课程，全年其他大部分时间则在东京度过。他是一位不折不扣的旅行家，晚年不断增加巡回演讲的目的地，还曾在远洋游轮上发表演说。哈扎德很年轻时就离开了祖国澳大利亚，虽回去过几次，但仅作短暂停留。自20世纪70年代起，她往返于意大利和纽约。这种旅居生活，与两人智识的投入、文学的参与及所取得的成就一样，决定了他们的生活和事业。

雪莉·哈扎德于2016年去世，享年85岁。她是一位广受赞誉的小说家，曾凭借最后一部小说《大火》（*The Great Fire*，2003年）获美国国家图书奖和澳大利亚最负盛名的文学奖项——迈尔斯·富兰克林文学奖（Miles Franklin Award），并凭借代表作《金星凌日》（*The Transit of Venus*，1980年）获美国国家书评人协会奖；《正午之湾》（*The Bay of Noon*）曾入围1970年"遗漏的曼布克奖"（Lost Man Booker Prize）。她的作品以其自省的精妙措辞、机智与讽刺、强烈的个人共鸣以及细腻的地域感而备受推崇。她是描写迁移、穿行和过境的伟大作家之一。她的小说体现出作家特有的情感，这种情感恰如其分，不受国界和范式的限制，易于为读者接受。这些小说刻画了第二次世界大战后、女权主义运动前，年轻的女性移居者在所开辟的地理和情感世界中的命运，小说将读者带入一个既确定又不断被打破的道德领域。在这里，浪漫形式的确定性遭受脆弱的人性以及现代生活残酷的社会、政治环境的考验。

哈扎德在她所有作品中精心打造了一种完全的世界主义视角，她坚持认为"我的气质并非十分民族化"[6]，"在不止一个地方安家是一种荣幸"，她驳斥了"移居者"的称谓："我甚至不确定自己算是哪国的移居者。"[7]哈扎德将读者引向人文主义传承的广阔网络，而不是国家。在她关于文化工作及文化在世界的地位的理解中，人文主义奠定了知识与想象力的基石。它意味着更多的相互联系，赋予个人努力以意义。它重视阅读和写作，关注被遮蔽或是被吹嘘的时刻及事物，它提供了有关认知与理解意想不到的角度："人文主义将人的尊严和独特性置于抽象概念和发明创造之上。经过世代自相残杀的动荡，它为个体文明提供了脆弱的连续性。这是思想和艺术的盛宴。"[8]在小说中，她以强烈的道德感唤起人文主义的原则，强调错综复杂的情节，以及对文学典故或旁征博引的精妙运用。这些特质相结合，创造出文体优雅、叙事缜密的小说，通过这些小说，关于爱情、失落和希望等为人熟知的叙事逐步展开。

作家杰伊·帕里尼（Jay Parini）引起人们对他所称哈扎德小说的"广泛性"的关注，即小说为读者和主人公的世界提供"全球视野"，以及对"整个世界"的游历，这种叙事上的穿行能"随处着落"。[9]在这种全球视野中，哈扎德的小说世界是以广岛事件为标志的战后世界，她曾于1947年16岁时到访广岛。在她的作品中，可以看到这场大灾难的后果，它们决定了其笔下主人公生活的道德边界。迈克尔·霍夫曼（Michael Hofmann）认为，她"作为一名小说家，作为一名女性，希望通过合适的方式重新组合笔下的特定人物，来弥补过失，治愈原子弹爆炸留下的创伤……为人类寻求更美好的未来，"他补充道："可以说，无论生活里还是小说中，哈扎德创作的整体目标是把世界重新组合在一起，且以合适的方式（并通过艺术、爱和善之法则）去做。"此外，"从某种相当真实的意义上说，书中的主角就是这个被炸毁星球的各大洲，而她所做的就是把澳大利亚……拖拽至亚洲"[10]。

哈扎德的四部小说以她所历经的几十年岁月为背景，充满了浓郁的20世纪时代气息。她在给一位朋友的信中写道："吸引我——甚至可以说愉悦我的——是在贫困和战争持续存在的现状下，在对这些问题的认识中，观察、置身并刻画现代生活奇特的狂欢……两次世界大战及经济大萧条的无尽'乐曲'困扰着像我这样的人的一生。"[11]她16岁离开悉尼，与家人在中国香港和新西兰惠灵顿生活。1952年，她与家人一起前往美国纽约，在联合国担任速记员。她智力超群，天资聪颖，通过广博且热情的阅读以及与纽约文学精英结交的友谊，开始了自我教育之路。

她与翻译家兼传记作家弗朗西斯·斯蒂格马勒（Francis Steegmuller）的婚姻以夫妇两人对文学业余主义、纯文学以及文学传统的奉献贯穿始终，这种文学传统，如蒂莫西·达菲（Timothy Duffy）所言，是以特立独行和个性为特征。[12] 斯蒂格马勒是一位平民学者，他的研究和写作部分靠受托撰稿、出版预付款等支持，但主要收入来自他富有的第一任妻子，一位才华横溢的业余画家、慈善家——比阿特丽斯·斯坦因·斯蒂格马勒（Beatrice Stein Steegmuller）的遗赠。1963 年，哈扎德遇到斯蒂格马勒时，她已经靠写作维持了一两年的生活，这要归功于《纽约客》杂志慷慨的"首次撰稿协议"（从现在的角度来看，这太荒谬了）。1956年，她被派往那不勒斯工作一年，此后便开始定期在意大利和纽约两地居住。她的婚姻巩固了这一模式：写作、阅读和旅行，与周围的文学精英们进行充满活力的对话。斯蒂格马勒夫妇在那不勒斯、卡普里和曼哈顿上东区租了公寓，一年四季在这些地方穿梭：春天和秋天在意大利，8月和 12 月在纽约。最为重要的是，他们阅读和重读了欧洲的经典作品，例如哈扎德列出了在斯蒂格马勒生命的最后十年里，他们一起朗读的作品清单："拜伦的《唐璜》、克拉夫的《旅途之恋》，莎士比亚、吉本、修昔底德、塞内加、奥登的作品和德拉克洛瓦的日记、莱奥帕尔迪的《歌集》。"[13] 如果说这样的写作习性在今天难以想象，那么在战后的几十年间，这种习性已是不同寻常，甚至令人瞩目。

斯蒂格马勒的博学和学术精神源于战前他在哥伦比亚大学的学习，而哈扎德甚至连高中都没毕业。在她的知识分子气质中，有一种与时代脱节、与世隔绝的感觉。她是一名自学成才者，从遥远殖民地的底层社会闯入纽约的社交圈，追求的是已成为过去的知识模式。在一定程度上，她总是游离于当代文化生活圈子之外。将哈扎德和斯蒂格马勒称为业余作家，并非强调他们的成就较低，或者像罗兰·巴特（Roland Barthes）所说的那样，"知识较少，技巧不完美"，而是明确肯定了他们在追求文学生涯的过程中以奉献精神为核心。巴特写道，业余主义"同时存在于最高层次和最低层次：既是愉悦的奥秘，也是不被展示的适度爱好"，是一个不被付费公众界定的消遣领域。业余爱好者追求"自娱自乐"，他"不会让别人听到自己发声"。[14]

唐纳德·基恩于 2019 年去世，享年 96 岁，他是一位声名显赫的日本文学学者，出版了二十多部英文著作、约三十部日文著作，这些著作涵盖译著、文学史、个体作家的专论，涉及从 8 世纪到 20 世纪的主要时期。基恩的学术成就及对日语和日本文化的奉献精神在日本备受推崇。同为日本学者的同事——卡罗·顾拉克（Carol Gluck）评价他为："几乎是日本最有名的人……在日本，你走到任何地方，只要说出'唐纳德·基恩'这几个字，就会无人不知、无人不晓。"[15]他从前的学生之一、美籍日裔记者弗雷德·片山（Fred Katayama）注意到，在日本，基恩被视为最了解日本和日本人的外国人。[16]基恩获得许多日本文学重量级奖项，包括菊池宽奖（Kikuchi Kan Prize，1962 年）、山片蟠桃奖（Yamagata Bantō Prize，1983 年）、日本财团奖（Japan Foundation Prize，1982 年）、朝日奖（Asahi Prize，1990 年）和井上靖奖（Inoue Yasushi Prize，1994 年），他还是第一位凭借《百代之过客》（*Hyakudai no Kakyaku*）获得读卖新闻奖（Yomiuri Prize）的非日本人，这本书原著为日语，之后出版英文版。他还获得了美国国家书评人协会伊万·桑多夫奖（National Book Critics Circle Ivan Sandorf Award，1991 年）。他获得的其他日本荣誉包括 1975 年和 1993 年的旭日勋章，以及 2008 年日本天皇授予的文化勋章，他是第一位获得该勋章的非日本人。

尽管基恩成果斐然，而且他还在剑桥大学和哥伦比亚大学任职，但他的学者生涯从一开始就带有巴特所说的业余主义色彩，这突出体现在他对日语和日本文学的投入上，也体现在其写作和教学所涉领域之广，例如，他为自己设定的"学习与日本有关的一切"[17]这一"难以实现"的目标，又正如他所写的，多年来他一直是"哥伦比亚大学唯一讲授日本文学的人"，因此，必须"涵盖所有时期"。[18]从一开始，他以极大的热情学习日语，并向尽可能广泛的人群传播相关知识，正体现了这种以广阔见长的路径。1943 年，他第一次被派往檀香山（Honolulu）服军役，他把每周一天的休息时间安排在夏威夷大学学习日本文学。"第一学期，我们每周读一本现代小说，用日语写一篇报告。在此之前，我从未用日语读过像小说这么长篇幅的材料，发现自己可以做到后，我振奋不已。"[19]1955 年出版的《日本文学选集》(*Anthology of Japanese Literature*) 首印两千册，很快售罄，至今仍在印行。他回忆道："它的成功让我再次意识到……我真的不适合成为一个每十年写出一篇完美研究论文的学者，我最大的优势在于向他人传达我阅读日本文学作品所感受到的激动。"[20]

基恩对日语和日本文学的研究源于他对战争的强烈反对。18 岁时，他为欧洲战事烦忧，偶尔读到 11 世纪日本小说《源氏物语》(*The Tale of Genji*) 的译本。他在访谈和回忆录中经常提及这一时刻的重要性。德国轰炸英国期间，他曾一度绝望，而这部小说所描绘的世界带给他"一种解脱"：

> （阿瑟·韦利）的译本充满魔力，它展现了一个遥远而美丽的世界。我读得欲罢不能，有时还会反复品味其中的细节。我将《源氏物语》中的世界与自己的世界进行对比。在书中，对立从未演化成暴力，也没有战争。主人公光源氏与欧洲史诗中的英雄不同，他没有被描绘成一个能举起十人都抬不起来的巨石的肌肉男，或是能单枪匹马一举破敌的勇士。光源氏虽然有很多恋情，但他的兴趣（如唐璜）也不是为风流韵事多添几笔。他悲伤，不是因为未能夺取政权，只因生而为人，人世间的生活难逃悲苦。[21]

于是，基恩，一位和平主义者，为了学日语，报名参加了美国海军。1943 年，他的首次任务是在珍珠港审讯日本战俘并翻译相关文件。他的翻译工作流于琐碎，枯燥乏味，但他偶然发现了"一个盒子，里面装满了散发恶臭的小书",这是在所罗门群岛瓜达尔卡纳尔岛战役中缴获的,原来是"从死去的日本士兵和水手尸体上取下的日记,臭味来自许多日记上沾染的干涸血渍"。这些日记成为他在海军服役期间的"特殊专长",因是手写的,阅读起来很困难,而且由于"是日记,不同于我之前翻译的印刷或油印文件,它记录了士兵在最后日子里遭受的痛苦,有时几乎令人不忍卒读"。[22]

他多次被自己与一些美国同胞之间的距离感所震撼,他们似乎只有一个愿望,那就是"回到他们从前的生活"[23]。与此形成鲜明对比的是,他与一些日本人建立了友谊("我发现这些人和我读过一样的书"[24])。他写道,这种反差"困扰"着他,使他对战争、失败和胜利的思考更加细致入微:一方面是"日本人对事业的献身精神",另一方面是"大多数美国人对回家之外的其他事都漠不关心"。他补充道:"虽然我丝毫不接受日本军国主义思想,但我不禁对日本普通士兵感到钦佩。"[25]1946年,他在一篇文章中动情地记下他与一名战俘——海军军官佐藤之间的友谊,他们讨论了"东西方的名著。他愿意讨论希腊悲剧或哲学,同样也愿意讨论普鲁斯特和乔伊斯的作品"[26]。一天晚上,他决定把留声机带到军营,播放贝多芬第三交响曲,因为他知道这会给佐藤带来快乐。他讲述了在淋浴室(为了音响效果)播放唱片的那个夜晚,详细描写了一个又一个战俘的反应:一个曾是出租车司机,另一个曾是新闻记者,还有一个曾是医生。"我们之间没有任何隔阂。如果不考虑其他因素,我们可以在音乐中相遇。尽管我们的背景各不相同,尽管在这间水泥和混凝土建造的淋浴室,但音乐之于他们,如同之于我一样真实。"[27]

在他的学术研究中,基恩最感兴趣的是身处世界、位于变革中心那些变换和流动中的人物以及致力于发现他者或新世界、新视角的人物。这促使他撰写明治天皇等人的传记:明治天皇的统治促使日本向西方开放,见证了日本在 19 世纪中叶从封建国家步入"不仅是世界强国,而且是国际社会的一员"[28]的巨大改变。对于 15 世纪的幕府将军足利义政（Yoshimasa），基恩评价他可能是"统治日本的历史上最糟糕的将军"[29]。他的统治动荡不安，后辞去将军职，退隐到自己建造的一处隐居地，这就是后来的银阁寺，在那里，他全身心地投入审美追求中，对今天人们所理解的日本审美品味的发展起到了决定性的作用，日本审美品味或称"日本之魂，即日本人的审美偏好"[30]，体现在从能乐到茶道，从诗歌、建筑到绘画等各个艺术领域。

传统形式在后来的语境中进行了再创造，基恩对重新创造的方式情有独钟；事实上，这也是他 1953 年获得福特基金会奖学金（Ford Foundation Fellowship），研究"古典文学传统在当代日本之遗存"[31]课题的重点。基恩在三岛由纪夫的能乐作品集中发现了这方面的典范，他进行了翻译，并将其誉为"第一部真正成功的现代能乐"[32]。无论是他的个人生活还是职业生涯——这两者其实密不可分，他对学识的追求都是全心全意的。基恩努力从外部汲取他人尚未获得的视角，再将这种视角与尽可能广泛的公众分享。1952 年，他出版了《日本发现欧洲》（*The Japanese Discovery of Europe*）一书，讲述了一群被称为"兰学家"的日本人的故事。他们在日本闭关锁国时期致力于学习西方知识，包括欧洲语言，从而掌握了日本缺乏的重要科学知识和专业技能。他们从一群荷兰商人那里获得书籍和资料，荷兰商人当时住在长崎出岛上，是"唯一获准居住在日本的欧洲人"。他在其中一位名为本多利明（Honda Toshiaki）的兰学家身上看到了自己的影子，"这个人在某种意义上与我灵魂同频共振"。

与本多利明不同的是，我来到日本，不是为了祖国，也并非为了可能造福同胞的技术知识，我是为追求新知的愉悦。书写日语会使用很多日文汉字，学起来很困难，而且猜出人名和地名的正确发音也很费劲，但这正是日语的魅力所在……本多利明和其他兰学家们在没有词典或语法帮助的情况下，面临着

9

许多困难，相形之下，我才能以更好的角度看待自己。我也像兰学家本多利明一样，希冀探索另一种文明。[33]

基恩一直非常清楚，在他的学术研究中，他希望效仿博闻强识更为古老的方式，保持教学传统的活力，在他的学生时代，这些传统曾打动他并让他为之兴奋。他在书中提到几位良师益友，以他们为自己教学方法和事业的楷模；其中最重要的是他在哥伦比亚大学最早认识的两位老师，一位是马克·范多伦（Mark van Doren），他让基恩明白"赞美他人是人类特有的行为"[34]，另一位是常田龙作（Tsunoda Ryūsaku），基恩写道，"他广泛阅读文学作品，热爱文学，但他并不将其视作学术研究的主题"[35]。他在哈佛大学的两位老师埃德温·赖肖尔（Edwin Reischauer）和洪业（William Hung）也是核心人物。基恩认为，由于战前和战后美国人对日本非常无知，赖肖尔毫无保留"为大众而不是为专家"写作。他是"我所知道的学术理想的最佳典范，属于不止一个国家"[36]。基恩选修了洪业开设的一门关于中国诗人杜甫的课程。

> 洪博士为讲授这门课程做了最充分的准备。他阅读了英文、德文和日文中所有与杜甫有关的文章，中文的更是不在话下。他对大部分诗歌都熟稔于心。有一天，他吟诵了其中一首长诗，不是用普通话，而是用他自己的闽方言。我至今还能忆起他的模样，他靠在椅背上，双目紧闭，诗文流淌，那是他身体和灵魂的一部分。用闽方言吟诵时，还能听出普通话中业已消失的韵律，以及最后辅音的破裂声。最后，我看到了他眼中的泪水。我想，这就是我想要实践的治学之道。[37]

基恩本人也是一位杰出的教师。据他的学生回忆，他讲课非常正式，但不用讲义。"他的讲稿都刻在脑海里。他激情四射，你可以从他的言谈举止中感受到这一点。他身上有一种日本人的感觉——谦虚、安静、勤奋，从不颐指气使或居高临下。"[38] 基恩的学术热情传递给了学生，也同样感染了读者，正如卡罗·顾拉克所言："你不会觉得这是某种知识。他的慷慨和活力，加上对日本文学的喜爱，甚至让那些非常害羞的人对他产生好感，认为他是个了不起的人。作为老师，他与研究对象、学生之间，没有任何隔阂。"[39]

基恩早期翻译战俘日记的工作对他之后的写作和思考产生了深远的影响，在某种程度上确定了写作的基调及他作为学者的兴趣和地位。1982 年，他应报纸《朝日新闻》(Asahi Shimbun) 之邀，撰写了关于 8 世纪至 20 世纪日本日记的系列文章（每周五篇，持续两年，后分两卷出版，先是日文版，后是英文版[40]）。基恩描述，最初连载的写作节奏"手忙脚乱"，正如一位评论家所言："只有沉浸在日本日记文学的巨大宝库中，才能保持如此艰苦的写作速度。"[41] 2010 年，年近九旬的他出版了另一本研究著作，这次重点关注太平洋战争时期日本作家的日记。这本书将他对日记体的兴趣与个体、公众的表达和纪念相结合，汇集艺术与政治、人性与残暴这些他在战时日本一直关注的问题；作为一个公开的和平主义者，他对日本军国主义的复杂反应，其中交织着他对个体士兵的同情。

他认识其中几位作家，翻译过他们的作品，也写过关于他们作品的文章，发现他们的日记有时令人惊讶："伊藤整（1905 年—1969 年）的日记……令人震惊。尤其是战争爆发后所写的日记，字里行间呈现出的，与我认识的那个说话温和、幽默、善良的人大相径庭。"[42] 更有甚者：

> 我曾认为，一个人阅读的书籍造就他的性格和信念，读山田风太郎（1922 年—2001 年）的日记后，我发现这种想法错了。他和我在差不多的时间读过同样的书，但我们的世界观截然不同。山田强烈渴望日本取得胜利，拒绝认为战争可能不会

以胜利告终。即使目睹了东京被轰炸，他丝毫不动摇日本绝不投降的信念。[43]

当然，他也发现了一些深刻的共同经历，尤其是诗人兼小说家高见顺（Takami Jun）在日记中小心翼翼，从不"公开表达对主导日本的军国主义的反感"，但他"迫切希望战争结束，哪怕（尽管他没有用太多文字来表达）以失败告终"。[44]基恩尤其被高见顺日记中的一段话所吸引，这段话写于1945年3月美军空袭东京后。安全起见，高见顺决定把母亲送到乡下，他和母亲一起去了上野车站，那里挤满了同在逃难的人。他对人群的文明程度感到震惊："每个人都很安静，每个人都在缓慢前行，没有人想抢在别人前面。"[45]这段经历深深打动了高见顺，基恩引用了他的原话："不知不觉，我的眼泪夺眶而出。我的心中饱含爱与深情。我想，我要与这些人同生共死。虽然我不是轰炸的受害者，但我与这些人是一体的。这些普通人无权发出愤怒的声音。他们没有可依靠的影响力，也没有钱，但他们在沉默中耐心等待，发自内心地热爱并信任日本。我与他们是一体的。"[46]

基恩对这种人性的脆弱和社会精神印象深刻；这有助于他在晚年时期于2011年作出最后的重大决定，即放弃美国国籍，移居东京。他身患重病，在日本的一家医院，认为自己将不久于人世。他回忆起高见顺在上野对母亲说的话，心想："如果我还活着，我该怎么办？我会留在日本……我要与这些人同生共死。"[47]此处的感同身受直指日本与西方之间想象的紧密关联，它建立在真实的亲密关系和共同的文明基础之上，为基恩提供了一种替代好战、剥削或控制世界的语言。哈扎德对这种感同身受的情与措辞都非常熟悉：在内心深处，记忆、失落、战争和诗歌常交织在一起，而文学具有慰藉的力量。在很多重要方面，基恩的经历都让人想起哈扎德本人对文学和语言自我塑造经历的叙写。在新西兰惠灵顿，在世纪中叶英语国家的省级外围地区，17岁的她伤心欲绝，她读到了意大利浪漫主义诗人莱奥帕尔迪的译本，为了读懂诗作原文，她开始学习意大利语。正如基恩于2012年加入了日本国籍，哈扎德在曼哈顿、卡普里和那不勒斯之间生活了半个世纪之后，于2000年成为卡普里的荣誉市民。哈扎德和基恩如出一辙的经历，凸显了文学与翻译及移居生活的密切关系。对于他们来说，那些诗意的认同时刻主要在移居生活中得以实现。

基恩决定申请日本国籍的消息一经宣布，就受到了日本民众的热烈欢迎："忽然间，我成了英雄。"东京邻居对他客套的礼貌也发生了变化："现在，我突然成了他们中的一员。他们会说'早上好''多保重'。"[48] 在后来的一次采访中，他继续说："我所做的，本来是一些微不足道的个人小事，现在却变得非常重要……从某种意义上说，我成了名人。日本人非常感激我。我把能给的都给了他们。"[49] 他的养子精木·基恩（Seiki Keene）说："将毕生献给了日本文学，成为日本人，成为日本这片土地的一部分，这是我父亲长久以来的梦想。"[50] 哈扎德的晚年生活远离澳大利亚和她的第二故乡卡普里与那不勒斯，因为身体状况欠佳无法返回意大利。基恩于2008年写给她最后一封信，信中充满了后知后觉的凄凉。他提到她在前一年受了伤，之后就失去了行动能力，并患有痴呆症。他们之间的友谊对彼此都很重要。他们的书信往来表达了这种友谊，并为读者提供了全新的视角，以展现他们令人难忘的一生。

1977 年—1986 年

纽约，1977 年 1 月 31 日

亲爱的雪莉：

　　相信你能感受到，昨天我们之间的谈话，我多么乐在其中。让我们相聚的场合固然悲伤，我们谈论的许多事情也是悲伤的，但我相信，回想起来，那个下午的快乐非比寻常，那是结交新朋友的欢欣。

　　给你寄去在东京出版的《日本文化志丛》（*Monumenta Nipponica*）杂志上撰写的关于伊万的短文。我还在其他地方写过两篇类似的悼文，但手头没有稿件。

　　再次感谢你。期待下次见面。

唐纳德谨上

纽约，1978 年 8 月 17 日

亲爱的唐纳德：

　　从意大利回来，读过您的《荒芜岁月》（*Barren Years*）[1]，我曾多次试图电话联系您。这篇文章深深地打动了我们，我相信也打动了所有的读者，它如此重要，让人想……什么？"广而告之"。我还想同您聊聊。我猜您可能还不在日本，我几乎不知道该如何表达对您的感激，以及对文章的钦佩之情。

　　……

　　今年 7 月，伊万已去世两年——时至今日，仍难以置信。冬天（抑或是春天？），我们电话联系后，我和埃迪塔（Edita）[2]有过一次不愉快的通话。她声称不能见我，因为我同安娜莉塔（Annalita）[3]"交往"（事实上，伊万去世后我见过她两次），同她"通信"……对此，我觉得很不公平，同时也感到荒唐，竟然有人对我该在家里接待谁指手画脚……显然，即使最大的悲痛也会引起敌意和自负，而非宽宏大量。这是一出多么不幸的戏剧，它止于何处？真相会是什么？

　　我们在工作，心满意足。我们 9 月或 10 月回意大利。如果到时您还在这里，会打电话来看我们吗？否则，就得到明年 1 月，那还有很长时间呢。

　　发自内心的感谢，致以崇高的敬意和深厚的友谊。

雪莉

东京，1978年9月6日

亲爱的雪莉：

非常感谢你从纽约转来的信。我又在日本，将待到1月份。这不仅是我的常规生活，现如今已成必需，因为我在纽约的合租公寓六个月一签，即便我在那之前回国，也无处可去。我顺着自己的心意作出这个决定，但现在我开始怀疑自己是否低估了纽约生活之于我的重要性。

你（和弗朗西斯）对《荒芜岁月》的赞誉让我欣喜不已。这确实是对这篇文章最早的回应，我写作的内容并非公众感兴趣的主题，对作品的命运抱有一种逆来顺受的态度。但是，就我而言，这样的赞赏作为首批也是唯一一批评论，让我非常高兴。我当即坐下来重读了文章。大约十五年前，我写过一篇类似主题的文章。那篇文章要严厉得多。奇怪的是，一位莫斯科大学教日语的朋友说："你写这篇文章的时候一定很年轻。"可以想见，她也有类似的经历。我当时写的东西并没有错，但我试图超越它，甚至想用体现更广泛同情心的事物来抹去它，尽管我从根本上非常反对任何形式的军国主义。我颇为期待人们会感到惊讶，这仅仅因为（据我所知）至少三十年来，西方没有人读过这些书，日本也少有人读过。但是什么回应都没有，然后，就等来了你们精彩的评论。谢谢你们。

......

很抱歉你与埃迪塔的通话很不愉快，恐怕是我的错。我碰到她并向她提起你时，她似乎盼望再次和你联系。天知道她是怎么知道你同安娜莉塔有联系的。

......

我的日本文学史进展缓慢。我发现我对日本现代作家的兴趣，正不知不觉从他们作为作家的成功转而思考作为日本人以那种方式写作意味着什么。

祝你和弗朗西斯一切顺利。非常期待回国后见面。

唐纳德谨上

纽约，1979 年 12 月 21 日

圣诞快乐！亲爱的唐纳德，愿您 1980 年一切顺利！我们希望新年伊始能在这里见到您。

自打从意大利写信后，我又读到了您的《遇见日本》[4]，惊喜连连……

我们一切皆好，工作方面（任凭世事变幻）风平浪静……12 月初，天气和暖，到圣诞节，天气寒冷灰暗，无疑是"得裹得严严实实"的天气。我需要一部著名的新小说，（最好是）长篇或篇幅较长的中国或日本文学作品，未经翻译过的。您能提供吗？

来自我们的爱。

雪莉

宇佐美[①]，伊豆半岛，1980 年 11 月 26 日

亲爱的雪莉、弗朗西斯：

随着有关意大利南部地震的报道越来越多，心中思绪一直与你们同在。当然，知道你们不在那里，这让我松了一口气，不过，你们肯定有朋友在附近，（尽管日本媒体报道没有提到卡普里）你们的房子可能也遭受了损坏。希望这场难以名状的悲剧至少没有直接影响到你们。

我的房间位于一幢可远眺大海的大楼，写这封信时，我正坐在房间里。黄昏时分，蓝灰色的天空下，群山一片漆黑。这是我所知日本最美好的地方之一，我买了位于 9 楼的一个小公寓，这幢楼房新建于可俯瞰海湾的其中一座山上。今天的天气比我在这里看到的任何时候都要晴朗。那些岛屿通常被薄雾、浪花或其他什么遮住，现在也清晰可见。但这一切具有可怕的讽刺意味：日本地震专家预测，日本下一次大地震将在这里发生。

当然，我买下这个地方时就知道这一点，只是东方的宿命论和西方"这种事情永远不会发生在我身上"的信念相结合，说服我不听劝告，屈服于可随时欣赏美景的诱惑。（现在天色更暗，山丘亮起了点点灯光，一列火车像一只巨大的萤火虫，远远地，穿梭于下方的海湾。）但来自意大利的消息使我的举动更显愚蠢，而非宿命。

---

① 译者注：地名，位于日本静冈县伊东市。

我在日本的逗留总体上是愉快的，当然，我发现今年由于各种各样的原因，我习惯每周见面的朋友们逐渐聚少离多，这使我更加依赖自己的资源。10月底，我在北京度过了愉快的一周。如果你们感兴趣，回纽约后给你们讲讲我的见闻。我目前计划 1 月 18 日回来，一倒好时差，会尽快与你们联系。非常期待再次相见。

　　昨晚举行了纪念三岛由纪夫⁵逝世十周年的集会。我被叫去"讲几句话"。始料不及的是，我几近崩溃，几乎无法流畅发言。我们的朋友身上发生了许多非同寻常的事情！

　　致以最温馨的祝福。

唐纳德

纽约，1980 年 12 月 26 日

亲爱的唐纳德：

    我们很久才收到您的信，它是在收到您漂亮的贺卡前到的。我带着几分不安——不完全是惶恐——给您回信，因为我很想让您知道，您的信如何打动了我，但可能未能如愿。首先，在意大利发生的这场悲剧中，您对我们心心念念，事实上这并未出乎我的意料。然后，在您对所处环境的描绘中，山峦呈现在我眼前，我感受到一片挚爱之地氤氲的氛围。我们曾谈论过这些，记得您在《遇见日本》一书中提及，您的幸福依赖于日本，由此，毋庸置疑，日本亦能对于您之不幸予以慰藉。对于许多人来说，这样的地方即使在想象中也是不存在的。而我仅在"我"选择的土地上生发出的部分快乐，就是福楼拜在尼罗河上描述的那种幸运感，即一个人能够意识到，并以此种意识看待这一切时所怀有的感恩之情。我想，尽管没有趋于极度平静的欢欣，您和我一样，在饱经沧桑并亲历他乡生活后，才体会到这一点。就我而言，这种地域意识在童年时期几乎不存在，或许这是为成年后不断增强的愉悦感所蓄积的。

    我一直在考虑回到那不勒斯去"做点什么"，也许写一篇文章，引起人们对某些方面的特别关注等。我们正好是在灾难发生之前离开的。我的第一反应是回去，但弗朗西斯极力反对，我也不确定自己能否派上用场。因此，目前这个想法暂时搁置了。另外，事实上，我最想做的事是继续我的新工作，这不能简单归为自私，至少不是最简单表现形式的

自私。于是，我就待在纽约，在已知最寒冷的日子里，经历着圣诞节惯有的喧嚣。当然，也有很多令人愉快的事情——最重要的是与朋友见面，期待您三周后如约到来（希望这封信能在您离开日本之前寄到）。我的一位英国朋友布鲁斯·查特文（Bruce Chatwin）（他写了一本关于在巴塔哥尼亚的书）曾在这里短暂停留，他非常仰慕您，特意问我们能否安排与您见一面。他2月份就要回纽约了。他魅力十足，与其说他很新式，不如说他是存在于过去的杰出人物。他大约四十岁，不过看上去更年轻些，24岁时他曾是苏富比有史以来最年轻的董事，后辞去工作，以古老的方式"旅行"，开启心灵、视觉和身体的冒险，正如屈斯蒂纳（Custine）所说，"去穿越其他世纪"。好吧，等他穿越回来，"抓住他"（我总觉得这表达有点威吓之意）。明晚，我们要去大都会歌剧院观看《卡梅隆人》（*Les Carmelites*）。这部作品绝不符合伊万对歌剧的要求，但我印象挺深刻。是啊，正如您所说，许多非同寻常的事情发生在我们的朋友身上。伊万的去世让人仍难以接受，由于种种原因，这种悲痛往往无法消泯。有时，我们再也不会见面的悲伤直击我心，同样的抗议在无谓的悲剧中爆发。这里有一篇关于三岛由纪夫逝世周年纪念的文章，我把它保存下来，如果您有兴趣，给您看看。是的，我们非常想听您在北京的见闻。自打三十多年前离开东方后，我一直饱受思乡之苦，奇怪的是，我很怕重回故里。然而，我在写作中却又不断回到那里。

关于世界，说得越少越好。我们通过电话与那不勒斯的朋友们一直保持联系，他们安然无恙，但也因周遭的悲惨境遇而深感不安。我从1956年起就认识的一位朋友，他穷困潦倒，家中人口众多，他刚写信给我说，他们在"上帝的帮助下"渡过难关，包括这场可怕的地震。地震毁坏了他们的房子，"使我和家人不得不露宿街头，度过了五个令人恐惧的夜晚"。好吧，我们，我指您和我，都选择了居住在地震带。谢谢您询问卡普里的情况，在那里，他们只有"惊吓"，没有受损。不过，想想卡普里地貌中那些摇摇欲坠的悬崖峭壁，那也让人惊吓不轻。

25

如常的政治，或者说，比如常更糟糕的政治仍在继续，政客们无休止地发表虚假声明。您是否还记得，在《战争与和平》中，安德烈公爵在政府委员会任职，他四处拜访"重要"人物，在此期间，他如何顺便注意到自己那天同样的事情，做了不止一次?

期待早日相见——您回来后再联系。我们要在这里度过宁静的夜晚，"在郊外笑谈严肃种种"。再次感谢您美好的来信。致以我俩最温暖的新年问候，以及来自雪莉的深情厚谊。

雪莉

纽约，1981 年 9 月 5 日

亲爱的唐纳德——收到您的欢迎卡时，我正收拾行李，准备返回意大利，待到 11 月中旬。我们有一些夏季冒险计划，包括 6 月在突尼斯待一周；但目前还没有去澳大利亚或日本的打算，唉。不过，我临时起意，对于您的澳大利亚之行，我必须说上几句。

昨天，我们在这里与一位令人愉快的朋友埃德蒙·卡彭（Edmund Capon）一起共进午餐，他现在是位于悉尼的新南威尔士美术馆（Gallery of NSW）馆长，他很想见见您。您肯定知道他是一位东方学家，曾在维多利亚与艾尔伯特博物馆（V&A）工作，是《东方艺术》（*Oriental Art*）的编辑（他说您曾为该杂志撰稿）；他已经为澳大利亚做了很多事，比如组织了一场精彩的中国绘画巡回展——有些作品以前从未离开过中国。我把您东京的地址给了他，希望这没问题吧？他会给您写信。得知您将来访澳大利亚，他欣喜若狂……

我在悉尼的好友伊丽莎白·哈罗尔（Elizabeth Harrower），一位优秀的作家、可爱的女人，她拥有伟大而温柔的灵魂。她住在新南威尔士州莫斯曼（Mosman）2088 号（悉尼的一个海滨郊区，我确实在那里上的学——我那不甚完美但算是完整的十年教育经历）。……她认识很多作家、画家等，或许您不需要这样的聚会，和她单独在一起也会很愉快。……安妮·刘易斯（Anne Lewis）夫人性格迥异但人也很不错，她在澳大利亚视觉艺术界很活跃。……还有南澳大利亚州前州长唐·邓斯坦（Don Dunstan），他对东方艺术和事务兴趣浓厚。他在阿德莱德举办了泰国雕塑等东方艺术展。

……

愿爱与您同在。

雪莉

东京，1981 年 9 月 19 日

亲爱的雪莉，非常感谢你的来信。你收拾行李的时候还给我写信，真是太好了。我会珍惜你信中提供的信息。你和弗朗西斯届时不在，我很失望，实在太不凑巧了。我的新西兰和澳大利亚之行是由日本基金会安排的。他们认为，让非日本人赞美日本文化比让日本人赞美自己的文化更有效果，日本人可能过于自谦，或者可能像我曾在纽约听到过的一个日本人的论调，他摆出僧伽罗人的姿态说："很多很多年前，你们的祖先在欧洲森林里奔跑时，体无寸缕，靠着一抹蓝色掩盖赤身裸体，而我的祖先已在享受着高度的文明。"

日本基金会的人非常和蔼可亲、乐于助人，但他们也希望物有所值，所以我将在新西兰的三个地方和澳大利亚的五个地方演讲。遗憾的是，我唯一能抽出时间进行必要旅行的月份是 12 月，那时澳大利亚的大学正好放暑假。因此，我不能指望有现成的听众。我将在澳大利亚的墨尔本、堪培拉、悉尼、布里斯班和珀斯讲学。读了你关于阿德莱德的来信后，我想去那里，但似乎不可能再增加一个城市了，而其他五个城市都对日本研究特别感兴趣。

……

有一个好消息，本周早些时候，我完成了日本文学史两册现代卷的手稿。⁶耗费十四年！当然，还有编辑的询问及各种小事要处理，但感觉真美妙。很高兴，我去澳大利亚时，不用一直记挂着要完成这本书。

这本书业已完成，而我还没有真正回过神来。我不断走进书店，寻觅需要的这本或那本难找的书，在某个时刻，突然醒悟过来，我决定不写那位作家了。

我那本关于歌剧演员的书也在这周出版了。书中有一张照片，是人群中的赫里斯托夫（Boris Christoff），非常年轻的样子。不知道是否会有出版商对该书的英文版感兴趣。

在日本，人们对业余爱好者有关各种艺术的撰写有着奇特的浓厚兴趣，这无疑是因为专业人士往往博学多才，但沉闷乏味，让人失去对音乐或艺术评论的兴致。

祝你和弗朗西斯一切顺利。

唐纳德谨上

明信片，那不勒斯，1981年10月22日

亲爱的唐纳德：

　　非常感谢您的来信；衷心祝贺您完成了著作。这是何等的付出，又是何等的成就。弗朗西斯说他能体会您的心情。在我看来，完成这样的尝试令人难以置信。我们再相聚时，一定要庆祝一下。还有——天哪！——您那本关于歌剧演员的书。1981年是您的"奇迹之年"。（在这里，我们举行了维吉尔逝世纪念活动。这个丁尼生式事件，其表现形式令人感动……）

　　唐·邓斯坦曾在此短暂停留，他非常希望您来访时他能在悉尼。……埃德蒙·卡彭会给您写信吧？

　　愿爱与您同在。

雪莉

布里斯班，1981 年 12 月 15 日

亲爱的雪莉：

　　我现在住的无疑是我住过的最豪华的酒店。有一间宽敞的卧室、一间可容纳很多人的起居室、两间浴室、一个备有国产及进口酒类的吧台，还有和我通常住的酒店房间差不多大小的衣橱。从伦诺克斯广场酒店（Lennox Plaza Hotel）20 层的窗户眺望布里斯班的景色，要不是下雨，景色会更美。我访问的新西兰和澳大利亚的每个城市，所到之处，哪怕一些城市正遭受旱灾，我也成功地将雨带了过来。

　　不过，这两周过得真愉快！第一场讲座在奥克兰举行，有五百多人参加，是迄今为止人数最多的一次，当地报纸正式报道了这位来自"日本哥伦比亚大学"的教授。我喜欢惠灵顿，它沿着山海之间一片细条状土地垂直而建。基督城很安静，外观颇具英国特色。皇后镇风景优美。

　　不过，我就不在此长篇累牍地写游记了。我写这封信的首要目的是想告诉你，你的朋友们对我非常热情，他们为我做了很多，使我匆忙的澳大利亚之行成为一次令人难以忘怀的经历……

　　悉尼是我唯一有自己时间的地方。……卡彭夫妇邀请我共进晚餐，他们还贴心地邀请了我朋友和日本总领事夫妇。若不是我第二天还有演讲，那个相谈甚欢的夜晚可能更晚结束。

　　我很抱歉地说，那天我多次试图联系伊丽莎白·哈罗尔都没有成功，我正对找到她不抱希望时，终于打通电话，我们约好 14 日周一共

进午餐。我立马明白为什么你和她能成为莫逆之交。我们坦诚交谈，一见如故。午餐后，我们边走边谈，还去了一家书店，在那里我买了一些澳大利亚的新近小说和诗歌（我还高兴地看到了澳大利亚平装本的《金星凌日》）。

我觉得悉尼的演讲很顺利。现场聚集了很多人，坐在第二排有一个3岁的小女孩，她表现得很好，连哈欠都没打一个。……我参加了在日本总领事馆举行的一次相当无趣的聚会。与卡彭夫妇不同，日本总领事似乎是按照客人的级别，而不是根据他们对各类事务的兴趣来发出邀请，这让我觉得颇为有趣。不过，这么说也太不厚道了，这是个令人愉快的场合，只不过比不上跟你朋友们相处的时光。

今天晚上，我将在布里斯班演讲，明天启程前往珀斯。返回日本之前，我将去巴厘岛享受几天阳光。如果要我在人生地不熟的布里斯班忍受凄风苦雨，我会很失望的。

再次感谢你们让我这次旅程如此特别。祝你和弗朗西斯圣诞快乐、新年快乐。热切期待1月份见到你们。

唐纳德

纽约，1982 年 8 月 29 日

亲爱的唐纳德：

非常感谢您的贺卡，我们曾试着给您纽约的办公室打电话，根据您平口说起的信息，我们猜想您可能会在那里。但运气欠佳——"无人应答"——于是，我把这封信和所附文章寄到您在东京的办公室。要是我把《纽约时报》上所有"日本"相关报道都摘出来，那真是铺天盖地。多亏您和其他几位高尚的人物，让人们对日本的兴趣得以"蓬勃发展"。

这个世界令人震惊——感谢上帝，像我们这样的人部分地"脱离"这个世界，活在一个更为长久的"现实"中。福楼拜写给路易丝·科莱（Louise Colet）的其中一封很棒的信中提到了他的年轻厨娘，她对波拿巴下台、君主复辟等一无所知。福楼拜说："那个女人是我们所有人的榜样。"你们遭受洪灾时，意大利（从佛罗伦萨南部到西西里岛）却遭遇了可怕的干旱：近六个月滴雨未下，持续高温创下纪录。在我的记忆中，第一次即使在卡普里，日夜温度也不低于 90 华氏度（约 32.2 摄氏度），而且常超过 100 华氏度（约 37.8 摄氏度）。乡村一片荒凉——干旱使大火在半岛蔓延；湖区是例外，那里当然雨水不断。与此同时，纽约则享受 8 月的甜美，阳光明媚，夜色清朗，日与夜有序交错……

……

这个夏天，我们见证了美好。如果让这个世界自在地保持它更好的模样，它定会有摄人心魄之美。你读过屈斯蒂纳的作品吗？——他真是

34

个了不起的人，妙语连珠……

您的贺卡很讨人喜欢。在许多文化中，兔子似乎被拟人化了。一定是那抽搐的面孔最能让人联想到人类的脸庞……

……

愿我们的友谊和爱与您同在。

雪莉

东京，1982 年 9 月 24 日

亲爱的雪莉：

非常感谢你的来信和所附的各种文章，也感谢你和弗朗西斯在《纽约时报》上写的一篇关于伊万的文章。那篇文章很受欢迎，但它是根据普林斯顿大学一位知情人士所述写作而成——反正看起来是这样。伊万从未得到专业日本学家应予的认可。我不知道为什么会这样。诚然，他没有为晦涩难懂的东方学期刊撰写学术文章，但他对《枕边书》（*The Pillow Book*）或他称为《当我穿过梦之桥》（*As I Crossed A Bridge of Dreams*）的日记的出色翻译，足以证明对于那些相当有难度的材料，他也能译得辞致雅赡。当然，他也有些误译，其中一些错误还很低级，因为他在日本生活的时间确实不够长，对一些日常知识缺乏了解，这些日常知识很难从书本上获得。由于他在日本生活的时间相对较短，日本公众对他也并不了解。这可能是他从未获得日本政府颁发的勋章或类似表彰的原因。他去世后，我曾多次向有关官员请求追授他勋章，显然他有敌人，或者说有人不愿意追授他应得的勋章。我很高兴你们写了那封信。他们近期不太可能撰写一篇补充文章，但他们可能会将信件存档，以便时机成熟时再撰写一篇关于日本文学的文章。

我那手稿的校对稿姗姗来迟。完整的手稿去年 10 月就交付了。直到今年 2 月，稿件才被送到一位年老体弱的编辑手中。她 6 月份吞吐一部分，8 月份又一部分，我一直在等待第三部分，即最后一部分。我用了约四天时间干完了她四五个月的活儿。她最关心的似乎是让这本书成为第

一部绝对无性别歧视的日本文学史。同为"人类"一词，英文不能出现"man（男性）"字眼。如果我用"他"来称呼读者，会被理所当然地改为"他或她"。而"人"这个词使用频繁得近乎可笑。"如果一个人遇到另一个人，而那个人……"我只是偶尔恢复我的最初表达。这不是一件我愿意为之贡献生命的事情。虽然编辑不知道，但我知道，日语中，每个人，无论男女，单身与否，都被称为"桑"，性别平等问题荡然无存。

我不知道哪辈子能收到校样。霍尔特出版社（Holt）的主编已经调入西蒙-舒斯特出版社（Simon & Shuster）。他直接负责我的书。希望这次变动不会影响出版进度，应该不会比这更慢吧。目前我还没有回纽约的计划，我试着受邀参加一年后的一个会议。我讨厌参会，但会议似乎让我有了可以到处走走的借口。不知何故，我认为学术研究与其他类型的写作并无不同，都需要亲力亲为。

我与比尔·韦弗（Bill Weaver）有过一些愉快的书信往来，他非常友好，给我寄来一本他和其他人写的关于威尔第（Verdi）的优秀论文集。我还收到了伊丽莎白·哈罗尔的来信，但迟迟没有回复。希望你能邀请她来纽约。就像我的澳大利亚之行非常振奋人心，我想，在你的引荐下去认识有趣的人，她定能享受纽约时光。

我不记得是否告诉过你，我已成为日本主要报纸《朝日新闻》[7]的"客座编辑"。这很出乎我的意料，我还不知道他们希望我做些什么，但我为这份荣誉而感动。将精力分散到很多方面容易偏离我的主要任务，即完成日本文学史的写作，但被给予如此殊荣，真是盛情难却。

希望意大利的天气能好一些。你所期盼的雨都下在这里了，9月的每一天都在下雨。第19号台风已经来临，说实话，我现在已对台风不胜其烦。要是我能想办法给你送去台风就好了……

祝你和弗朗西斯一切顺利。

唐纳德谨上

卡普里，1982 年 10 月 28 日

亲爱的唐纳德：

您的来信让我们喜出望外，非常感谢。……您有关编辑工作的那段经历，我俩感同身受，觉得难以忍受。那种毫无幽默感的女权主义，体现在见到"男人"就得改为"人"那一棒子打死的思想方式和高高在上的倨傲心态，尤其让我抓狂。它是以宽容和公平之名，强加给我们的另一种官僚专制，即以合理之名，让人接受不合理。您的痛苦遭遇让人头晕目眩。一个力不胜任的人竟然妄想在这样一部高质量的学术著作中篡改含义，简直不可理喻……

您说得真好，学术研究与其他类型的写作并无不同。千真万确，如果做得好，就同其他类型的写作一样。美国的学术研究发生了一些令人震惊的事情——不仅仅是文学界的极端混乱，还有艺术史、"社会科学"等。感谢上帝，我们还认识许多堪称楷模的学者和尽职尽责的教师，但他们在学术界往往陷入困境。在那不勒斯，历史学家罗伯托·帕内（Roberto Pane）是一位传奇人物。他大概年过八十，慷慨激昂、争吵不休、无所畏惧、咄咄逼人、爱慕虚荣、知识渊博、机智幽默、博学多才、不知疲倦……几天前，他向我们抨击普林斯顿大学一个名叫莱文（好像是）的教授撰写的关于贝尔尼尼的巨著，该书显然不加区分地再现了贝尔尼尼生平的每一个细枝末节，等等。帕内气愤地从椅子上一跃而起，怒斥这个作者对历史经验的麻木不仁："他顺便提到了反宗教改

革——顺便！——仿佛这不过是一场交通事故。对我们来说，（他的手指顺着胳膊向下划）它就印刻在我们的皮肤里！"（"忏悔吧！我们的皮肤上总有它的印记！"）

成为《朝日新闻》的客座编辑，真是太棒了！对我来说，学习另一种语言，且这门语言如此有难度，充满了各种复杂的细微差别，您能掌握到此种程度是难以想象的。上面提到的罗伯托·帕内是《最伟大的那不勒斯》（*Napoli Nobilissima*）的编辑。这是一套当之无愧的学者专著丛书，内容涉及那不勒斯的历史。时不时（每隔二十年左右），这些专著会结集成册。此套丛书已经出版了大约一个世纪。他请我为其撰稿：这荣誉我愧不敢当，也未曾奢望。关于诗人在那不勒斯的某些经历（不是歌德等人已经为人耳熟能详的经历），我有（不太学术的）想法。即使是写上几页纸的短文，我也对书面意大利语所要求的质量望而生畏。除了语法或用法上的细微差别外，我还担心使用的语气和语言独创性问题。总之，我现在还做不到。等我着手写，我会用英语写出来，翻译一下，看看感觉如何。当然，我用意大利语写信或写一些随笔时，这些问题不会困扰我，但文学作品应该有自己的风格……

在过去的几个星期、几个月里，我重读了所有能找到的川端康成小说译本。他真是一位大师！我手头的所有小说都是由赛登施蒂克（Seidensticker）翻译的，只有一本除外［《美丽与哀愁》，由希贝特（Hibbett）翻译］。我发现译文——确切地说，是英译文常令人不安，甚至粗俗，可以看出翻译一定非常困难。问题在于译者对自己的语言缺乏精练的把控力。不知道您怎么看？《名人》（*The Master of Go*）是译本的精品；翻译这本书的难度该有多大呀。就我所知，请原谅我这个无知的判断，这似乎是川端康成的代表作。这是一本令人羡慕的好书，我好想能写出这样的书。

是的，我们希望1983年伊丽莎白能来纽约。这是个好主意，可以激发她的写作天赋。我会告诉她这是您提议的。她在我的心中就像一个发光体，在我的意识里，具有一个伟大灵魂应有的模样。

这里的景色美不胜收。上周，我们在罗马南部的宁法（Ninfa）度过了一天。那真是一个梦境般不可思议的地方。见面时给您讲讲。说到"对台风不胜其烦"——经历了一个炎热无雨的夏天之后，我们又遭遇了一场秋分暴风雨的袭击；我想到了您有关台风的言论。不过，还有很多美好的日子，包括今天……致以深情厚谊。

雪莉

另：谢谢您对伊万的评价。也许我们会就此多聊几句。燕卜荪（Empson）曾说过"所有的消逝都困扰着我们"，对我而言，从某种意义上，或是作为悬而未决的事件，这话都让我想到伊万。我从未真正相信过他的离去。

纽约，1982 年 11 月 7 日

亲爱的唐纳德：

……回来后的第二天，我们做了一件纽约人喜欢做的冒险事——租了一辆车，去布朗克斯（Bronx）的植物园参观那里温室中美丽的菊花展览，该展是一位日本菊花专家花费 18 个月精心准备的。我觉得这个称谓不够恰当，却不知道西方有什么词来形容这种充满诗意的职业。当然，这些花不再是我们理解意义上的菊花。对我来说很奇怪，我刚从意大利的亡灵节上回来：万圣节（Tutti Santi）是意大利的一个盛大节日，它仍以祭祀祖先为主要内容，其方式往往美丽动人。数百万朵菊花被带到意大利各地的墓地，人们往往不远万里前来扫墓。（虽然不合时宜，我还是想说，这是进入其他时间常态关闭的教堂的好时机，可以看到其他情况下必须获得特别许可才能看到的图画。上周一在罗马适逢节日当天，我从中获益匪浅，至少听到了一次非常令人愉悦的布道。这一天天气晴朗温暖，中午时分，罗马的所有居民都穿戴整齐，从教堂出来，出现在大街上，他们庆祝类似复活节的庄重节日，在餐馆的户外举办大型家庭午餐会等。即使考虑到气候和气质的优势，这也与英国大城市的公共假日形成了鲜明对比……）

不过，我想说的是，在意大利，送一束或一株菊花并不受待见：等同于说"去死吧"。菊花具有缅怀逝者的神圣功能，不能用于客厅装饰以增添生气。

......

　　有空时，请告诉我们您预计返回纽约的时间……致以我俩的深情厚谊。

雪莉

东京，1982年12月7日

亲爱的雪莉：

　　刚敲下这个日期，我的思绪就回到1941年12月7日。我和日本朋友刚去了史泰登岛（Staten Island），乘渡轮返回炮台（Battery）时，一个报童正在兜售《纽约问询报》，报纸大标题"日本人偷袭珍珠港"赫然在目。

　　我清楚地记得那一天，甚至记得地铁里一些人的脸。我很难解释为什么上个月没有给你们写信。当然，我一直很忙，不过，我从不以此为不写信的借口。我当然经常想起你和弗朗西斯，我想，我之所以没有写信，主要因为我不愿意透露一个糟糕的实情：1983年我可能不会回纽约了。正常情况下，我将于1月返回，但这是我没有学术休假（相对于"无薪假"）情况下任教的第13年头。与全职教师不同，他们每7年有一次学术休假，我的学术休假是在第13年。我决定整个假期都留在日本，一想到近二十年来第一次能欣赏到日本的春天，我就兴奋不已。（上一次学术休假时，我并没有在春天去日本。）在这不间断的18个月时间里，想到我能够完成大量的工作就心满意足。我倒没怎么考虑我会多么想念在纽约的朋友。哎呀，我也没料到会有这么多事让我分心，使我无法有效完成工作。这一不甚愉快的情况使我无法给你写信。当然，飞回纽约并非不可能。有些你从未听说过的航线，绕道飞越南极或戈壁沙漠，它们的机票很便宜。但是，我在纽约的公寓春季已出租出去，这不能撤销。如果我回纽约却拿不到自己的书，或者翻箱倒柜找不到我离开时塞进抽屉里的文件，那会让我局促不安。

……

我很喜欢你对罗伯托·帕内因一本关于贝尔尼尼的书没有论及反宗教改革，愤然从椅子上跳起来的描述。不知怎的，这让我想起朱塞培·翁加雷蒂（Giuseppe Ungaretti）在纽约（哥伦比亚大学）举办的诗歌朗诵会。我曾在朗诵会前一天见过他，发现他如此非凡。因此，尽管我的意大利语水平仅听得懂威尔第歌剧中的台词，我说服自己一定能听懂他的话。我本可以听得懂，但讲座一开始他就怒不可遏，因为那天他参观纽约现代艺术博物馆（Museum of Modern Art）时发现，博物馆里没有展出他欣赏的一位艺术家（可惜我忘了是谁）的画作。我拼命想听清他在说什么，但只知道发生了某件糟糕的事。这几乎与不给反宗教改革以应有的重视一样糟糕！

很高兴你喜欢川端康成的小说。《名人》是伊万的最爱，可能也是川端康城本人的最爱。不过，我和伊万不同，我连最简单的谜题都弄不明白，下围棋时不知道该怎么走。读了你的信，我要重新阅读这本书。

……祝你和弗朗西斯圣诞快乐。

一如既往的，

唐纳德

纽约，1983年1月19日

亲爱的唐纳德：

　　……

　　回想"日本人偷袭珍珠港"那天，我和我"最好的朋友"一起从学校郊游回家。那时的她扎着金发小辫，现在已经有了孙子。我们坐在公共汽车顶上，看到"珍珠港、马尼拉、达文被炸"的海报。我不知道这是否准确，它们是否都在同一天被炸？或者我是否在脑海中把这几天叠缩在一起了？但这就是我的记忆。那是一个烈日炎炎的日子，我对那天的"感觉"非常强烈。那年我9岁。我长大了些，另一个时刻来了。1945年，一个冬天的早晨，我穿戴整齐准备去上学，从"无线电"中听到投放原子弹的消息。战争中的许多情节，无论是营造的氛围还是事实，都让我记忆犹新。比如，我记得从车道上捡起下午的报纸，读到德军"距离莫斯科十英里"①。还有，更早一点的，"希特勒的副官飞往苏格兰"的新闻。闪电战的所有时间节点我都清楚记得。之后，澳大利亚与往昔不同，它也持续处于险境：日本潜艇一夜之间在悉尼港被炸毁，数以万计身着军装的美国人出现；禁止我们提及巨型战时船舶，尽管我们可以绕着所有船只航行，向那些不能提及的水手挥手……战争接近尾声，英国舰队受到热烈欢迎，蒙巴顿（Mountbatten）在航空母舰和战

———————
① 译者注：1英里≈1.61千米。

列舰上游览。之前不能提及的玛丽王后号和伊丽莎白女王号也在港口出现，在此之前，它们一直是遥不可及的传说。身着作战服的士兵从丛林中走来（澳大利亚的作战服在美国人面前显得狼狈不堪……），面孔因"阿的平"呈暗黄色或绿色。我们经历了怎样的时代，又以怎样的方式幸存下来。

我想知道您的日本朋友和您一起从史泰登岛回来后发生了什么。

我得立马承认自己可能并不理解小说中的围棋。我觉得这无关紧要。对于那些非常在乎将小说全部内涵充分体现出来的人来说，这无疑会被他们嗤之以鼻；但我觉得这本书无论从何角度看都很精彩，我并不就此觉得太难过。我把这本书推荐给弗朗西斯，他立刻读了起来，放下书时，他说："这是一部杰作。"我也回避字谜游戏，尽管我很自豪地宣称精通《伦敦时报》（*London Times*）的填字游戏，这是我唯一做过的填字游戏。它诙谐幽默，充满文学气息，只是有时晦涩难懂。不过，我觉得要是没经过训练，光看一下似乎都要抓狂。

翁加雷蒂还在哥伦比亚大学时，我见过他。我和他在布雷尼格餐厅共进晚餐，度过了一段愉快的时光，但我感觉无法在这么短的时间内同他建立起真正友好信任关系，或者说，无法以我希望的方式……我想知道被纽约现代艺术博物馆拒之门外，让他为之愤愤不平的那位画家是谁？莫兰迪（Morandi）？德·基里科（De Chirico）？德·皮西斯（De Pisis）？古图索（Guttuso）？……要能知道肯定很有意思。目前，梵蒂冈的珍宝（呃，其中的一小部分）即将在纽约震撼登场。今年冬天有许多令人愉快的事情发生——我们去听了一场顶尖的歌剧演出《拉美莫尔的露琪亚》（*Lucia di L*），由萨瑟兰（Sutherland）和阿尔弗雷多·克劳斯（Alfredo Kraus）演唱。这是我度过的最迷人的夜晚之一。昨晚，我们去看了芭蕾舞（《堂吉诃德》），首演；纽瑞耶夫（Nureyev）的表演令人目瞪口呆——今早《纽约时报》也承认了这一点。人们看到，他虽然年纪稍大，但仍能展现出令人难以置信的精彩表演和魔力。之后，我们应邀参加了在萨尔迪餐厅为他举办的派对（我保证，这不是我们的惯常活动），我们玩得很开心。很高兴看到年轻的舞者，他们在台下依然美丽动人。我们还做了许多其他事情，也有一些工作。《福楼拜书信集》第二卷受到好评，弗朗西斯很高兴有新的印刷品，因为他发现很多事已是时过境迁。

……

我想知道您是否读过蒙塔莱（Montale）的作品？他的诗很难懂，有一些中规中矩的译本。不过，这里最近大量精选、翻译并出版他的随笔，其文章体现出卓越的智慧和深思熟虑的洞察力。他是少数几个对"艺术去人性化"持冷静态度和强烈观点的人之一，这也是我长久思考的问题。不知道艺术是否会以某种易于识别的形式继续存在下去，如果会，除了"大众艺术"，还会是什么。我几乎不相信会有，但希望这种悲观主义会落空。在一次采访中，针对当代艺术为何必然采取当前形式，并将其合理化的人，蒙塔莱评论道："我不否认他们必得经由这样的路径；我仅否认他们自称自由人的权利。"

和许多有教养的意大利人一样，他在评论外国生活和艺术时，虽非一贯如此，却也隔三岔五地偏离轨道，尤其在将这些评论融入诗歌时更是如此。约翰·厄普代克（John Updike，至少在我看来他是个不那么出名的人物）一踏出国门就会陷入无可救药的困境：例如，他以意大利为背景的作品让人瞠目结舌。因此，我想知道您如何看待他上周（1月3日）在《纽约客》上发表的关于谷崎（Tanizaki）和漱石（Sosek）的文章？也许厄普代克在日本的作品比在其他地方的更好，但他的"欧洲"作品让我产生了怀疑……另外，讲谈社国际公司（Kodansha International）的斯蒂芬·肖（Stephen Shaw）先生给我寄来了一本翻译小说，我还没来得及读，是津岛佑子（Yuko Tsushima）的《宠儿》（*Child of Fortune*）。我建议他也给厄普代克寄一本，他又给了我一本，我随后就寄了出去。不知道您是否了解这位作家，如果了解的话，您对这本书有何看法？

所有出版商都认为现在是出版业的"艰难时世"。然而，在我二十年的出书生涯中，还从未听过哪个出版商说出现了出版业的"黄金时代"。出版时运不济，总有糟糕的缘由。然而，书籍的生命却在不断延续。

……

当然，世界上的"事情"看起来似乎糟得不能再糟了，毫无疑问，许多地方确实如此。然而，我记得大约十几年前，在伦敦一个明媚的周日早晨，我们穿过贝尔格莱维亚区（Belgravia），去附近的一家酒店看望我的母亲。我们清醒地认识到，一切都是可能的：美丽、文明、某种程度的相对自由、体面、公正、没有恐惧。从历史上看，这一切来之不易。逆势而为或许是文明事物的本性，虽然文明事物的产生过程漫长而艰辛，但它们也会有反常，那是一种出人意料的因素。

……3 月中旬，我们将前往意大利，为期一个月。那不勒斯的圣卡洛剧院（San Carlo）将上演穆索尔斯基（Mussorgsky）的《萨朗宝》（*Salambô*）；我们还将短途旅行去雷焦卡拉布里亚（Reggio Calabria）观看"里亚切青铜武士像"，那是几年前在海底发现的公元前 5 世纪希腊巨型雕像，现已修复并向翘首以盼的公众展出（我们希望公众 3 月下旬还不会涌现，尽管到复活节，可能会再度人山人海）。所有这些都令人激动。

衷心希望能在 1983 年的某个时候见到您。……我们想知道您的著作出版日期是哪天？我想知道日语是怎么表达骂人或祝福的。

一如既往的，

雪莉

纽约，1983年1月20日

亲爱的雪莉：

......

今天，我毫发无损地从日本人所说的精密体检（日语为人間ドック，字面意思是"人类船坞"）中走了出来。这一新词指的是进行全身综合性医疗检查，要求被检者在医院至少待上两天，进行所有能想到的检查，得名于此，是将在医院进行的检查类比船舶入船坞要进行的全面检修。这不失为一个很好的例子，说明日本人如何以一种令约翰逊博士惊讶的方式拓展了我们可怜的老式英语。不管怎么说，我目前身体状况中最糟糕的地方是弯肩，据说这是作家的职业病。令我尤为高兴的是，我没有明显的衰老迹象。我还有很多工作要做——至少我是这么认为的。

我在印度和泰国度过了三周假期，本月10日返回日本。我享受了阳光，感受到炎热。与我以前到过的那片区域不同，我没有为闷热潮湿所困扰。事实上，我待的那一个月或者说六周，属于全年中天气炎热但舒适的时间。在曼谷，我遇到了一位去年在纽约认识的朋友，令我惊讶的是，我收到了随信附的在美国学院年度庆典上拍摄的弗朗西斯的照片。不知怎么地，如果把这一幕写进小说，没有人会相信：我只是在曼谷碰巧遇到了一个人，他碰巧随身带着弗朗西斯·斯蒂格马勒的彩色照片。

49

回东京后不久，我接到比尔·韦弗的朋友中岛和男（Kazuo Nakajima）的电话。他过几天要回意大利，我们约了一次会面，愉快地交谈了两三个小时。想象一下在威尼斯教日语的情景吧！我怎么就没想到呢？我曾多次造访威尼斯，每次都短暂停留，但它在我的记忆中变得越来越美。我突然想到，这与普鲁斯特的经历恰恰相反。威尼斯之于他，首先是他未能造访的威尼斯，而不可能去那里使它显得无比美丽。而威尼斯之于我，则是一个寂静的城市，偶尔有汽艇打破它的宁静。这是一座有着形形色色的人的城市，而不是满是交通工具的城市。

说到普鲁斯特，我一直在慢慢阅读特伦斯·基尔马丁（Terrence Kilmartin）的新译本。我觉得它相当精彩，比我印象中斯科特·蒙克里夫（Scott Moncrieff）的译本好得多，与我所读原著的印象相差无几。不过，比起译文的轻松优美，该译本本身自然更让我难以忘怀。每一页都有惊喜——我本以为自己很了解普鲁斯特。

信不信由你，在去印度的飞机上，我读了你曾推荐的《维莱特》（Villette）。我认为，除了有一章让我感到困惑外，这本书相当出色，是我读过的对绝望的孤独描写得最为深刻的作品。其中一章在即将结束时，出现一个梦境般的情节：夜里，露西蹑手蹑脚地走出家门，来到城市中心。在那里，她见到了几乎所有认识的人，听到他们的谈话，甚至有人在马车上向她招手。读起来完全像谵妄之症，但下一章清晰地表明，一切皆如描述的那般发生了。修女鬼魂之谜似乎与这本书格格不入。虽然这话有点千篇一律，但我还是必须补充一句，非常感谢你让我注意到这本书，它比那个时期的任何小说都更能打动我。我现在很困惑，为什么在你之前没有人向我提起过这本书。

……

在还可算作"新"的一年里，祝愿一切顺利！

唐纳德

纽约，1983 年 1 月 25 日

亲爱的唐纳德：

　　这算是我上周给您信的补记，回复刚收到的您那令人愉快的来信。过一会儿，我就把您那封信带到医院去，让弗朗西斯也能欣赏一下，我（亲眼）看他盯着（照片中）自己的脸的面部表情，一定很有趣。我说过，在小说中，人们永远不敢把生活中真实的巧合写进小说。弗朗西斯，他很好，过几天就可以回家了，如医生所说，他可以忘掉最近的冒险经历。他会很高兴知道"人类船坞"这种表达，更会很高兴听到您身体唯一的毛病就是弯肩。我们甚至连这点毛病都没有注意到，更不用说想象其他了。

　　是啊，在印度和东南亚待几周多好啊。我还记得自己在香港的第一个秋天，有一天，突然意识到天气凉爽干燥了，或者说至少是更干燥些。那个时代还没有空调。我见过和男很多次，只是从您这儿才知道他姓中岛——是的，他是个天才，能在威尼斯教日语。多年来，威尼斯的酒店，即使是相当普通的酒店，其巨额开销也让我们望而却步。您对威尼斯的评价是最有说服力的，我们考虑不久后至少要去那里住上一周。我对您关于普鲁斯特新译本的几点看法很感兴趣。首先，对我而言，它有一些重要段落迄今为止还没有译本。我并不同意理查德·霍华德（Richard Howard）在《纽约时报》上发表的评论，他激烈抨击斯科特·蒙克里夫，支持这个新译本。一来，新译者明确表示他们的工作是

以斯科特·蒙克里夫的译本为基础。然后，我花了几个星期的时间，晚上把这三本书摆出来进行比较；尽管我确实发现新译本的不少段落间或更为简练，但就我个人偏好而言，斯科特·蒙克里夫有时仍然胜出。然而，看看这句（摘自我"最喜欢"的段落，阿尔贝蒂娜的告别信）：我记得应该准确，法语是"相信我，我永远不会忘记那次在暮色中来回散步，因为天快黑了，我们就要说再见了"。斯科特·蒙克里夫将其译为（还是根据我的记忆）："请相信，我永远不会忘记暮色中的那段走了两遍的旅程，因为夜幕降临，我们即将分离。"新译文（摘自新译本）为："你可以相信，就我而言，我将永远不会忘记那段加倍朦胧的旅程（因为夜幕降临，我们即将分离），它将从我的记忆中消失，云云。""加倍朦胧"？括号？也许真的就像基佐（Guizot）对吉本（Gibbon）评价的那样，一旦有人完成了如此伟大的作品（在这里指的是翻译），就有可能对它提出反对意见，因为业已存在可以反对的东西，而在此之前，这是无法想象的，这是一种难以企及的劳动。

很高兴您喜欢《维莱特》。想到您在日本读这本书，我就很高兴。下次见面我们再聊聊吧。如果您春季来纽约旅行，非常盼望您能成行，但不要在我们去意大利的时候来呀。我们将于 4 月中旬至 5 月中旬（然后从 7 月下旬至美国劳动节）再次前往纽约。这个尤为和暖的冬日过后，还有几天寒冷的日子，但对春天的畅想已经浮现在脑海中，五点钟不再是夜幕降临（虽然"加倍朦胧"）……

您的工作还在有序进行，真好。弗朗西斯住院不在家的这段日子里，我一直在努力坚持工作，完成了一大段艰巨的任务。一旦投身其中，就会如释重负，您有没有这种感觉呢？

非常感谢您热情洋溢的来信。致以我俩最深情的问候。

雪莉谨上

52

东京，1983 年 3 月 28 日

亲爱的雪莉：

……

我在日本过得非常愉快。我的工作进展到日本文学史四卷本中的最后一卷，第一批样书的到来推迟了我的工作，这种推迟令人欢欣。从我交稿至今已有近两年的时间，我现在才相信他们真的会出版这本书。样书的状态不错，但在我最后一次阅完手稿后的某个时刻，一位好心又乐于助人的编辑通过脚注将内容弄得支离破碎。她虽不懂日语，但凭直觉认为，她自认为的，日语标题中的哪些词是重要的，然后就删除了其余。或者，她认为标题太长，就删掉了标题的后半部分，由于她不知道标题的意思，这些标题最终往往以"通过……"的形式出现。她将我的书名《现代日本文学》缩短为《日本文学》，省去了两个字；这可能会让一些读者感到困惑，因为我还有另一本非常独特的书，书名就叫《日本文学》……

你在之前一封信中问我是否读过蒙塔莱的作品。很遗憾，我没有读过。我的意大利语完全是自学的，主要来自歌剧剧本，我虽能读报纸之类的，但对意大利语的了解还不足以写诗。

……

一如既往的，

唐纳德

东京，1983 年 8 月 24 日

亲爱的雪莉：

我知道已经很久没有给你写信了，对此我深表歉意。写信给你的念头一直在心头萦绕，仅仅因为我希望能收到你的回信，但我的时间被分割成了许多特殊的片段，似乎总没有合适的时机来恢复我们的通信。

……

我的主要工作是写报纸连载。听起来有点像狄更斯，但我的连载不是写小说，而是研究几个世纪以来的日本日记。对我来说，要绝对按照篇幅要求写出手稿是非常困难的，这就意味着，我通常必须与编辑一起仔细研究每一部分，以便削足适履，塞入分配给我的篇幅中。花费的时间远超预期，但时间并没有浪费，因为在撰写日本文学史第一卷（结集）时，我能够运用新知识。可以想见，最大的乐趣是发现此前从未读过的日记。例如，有一篇日记是一位八十多岁老太太写的，她的儿子，一位六十多岁的著名佛教主持，决定去中国学习其佛教派别的源头，信中几乎充斥了她对儿子这一决定的愤懑之情。虽然她的另一个儿子也是一名佛教徒（就在附近），但她写得好像自己完全被遗弃了一样。她咒骂自己的儿子，最后甚至咒骂佛祖让如此可怕、如此空前的灾难发生在她身上。然后，她又咒骂起自己活得太久。要是从小就体弱多病的她早一些死，就不用遭受这般痛苦了。这个像是怪物的儿子可能是一个非常虔诚的人，他确信只要他在此生竭尽所能，确保他俩都能得到救赎，

就能在来世见到母亲。这是一份令人惊叹的文献（12 世纪），它让我第一次至少从文字内容中意识到，在日本，母子之间的关系是多么举足轻重，父女之间的关系是多么无关紧要，当然，与西方相比是这样的。1945 年，一些日本士兵临死时嘴里高喊"天皇万岁!"，但更多的日本士兵去世前嘴里喊着或轻声呼唤的是"妈妈!"这让我猛然意识到，与父女二重唱相比，母子二重唱少之又少。我唯一能想到的是歌剧《游吟诗人》（Trovatore）中的阿祖切纳（Azucena）和曼里科（Manrico），他们甚至没有真正的血缘关系，但有多少威尔第的歌剧是围绕父女关系展开的？我还没想好如何解释日本和西方之间的这种差异，也许根本就没有，但这就是我努力研究几乎被遗忘的日记的收获。

前几天，《朝日晚报》刊登了随信附上的评论。我想你可能会感兴趣，因为我知道你的观点与众不同。评论者詹姆斯·柯卡普（James Kirkup）在日本生活多年，从事英语教学工作。大约二十五年前，我见过他一次。我们接触时间短暂，但之后同他时不时会间接联系。他的评论可能非常尖刻，实际上他也挺烦人，因为他坚信自己是唯一能翻译日本诗歌的人。（我认为他根本不懂日语，他的翻译工作是学生做的。）

希望你和弗朗西斯一切顺利，在意大利过得愉快。我很期待 1 月回到纽约。非常想念纽约的朋友们。

一如既往的，

唐纳德

纽约，1983年9月10日

亲爱的唐纳德：

收到您的来信非常高兴。我也打算一如既往坚持写作——您是否认为，如果我们不在职业生涯中"写作"，就更有时间提笔进行私人写作？我想我之前同您聊过，我觉得自己被淹没在那些尚未回复的信件中，虽然收到这些信件很愉快，但对我来说意义不大，而我真正想写信的对象却被搁置一边。弗朗西斯和我每年肯定要写一千多封信，几乎都是不得已而为之。伊丽莎白·哈罗尔和我用"发电传"（或"无线电"……）来给彼此发送脑海中写给对方的信息，这些信息很少能落到纸面。

……

下周四，我将启程前往意大利。弗朗西斯也将在十天后出发。我本该两周前就到卡普里了。但今年，我们要来这里度过8月时光，离开那不勒斯前发生了意外。我要是同您说，我们一直在不遗余力地告诉所有来那不勒斯的游客，只要不随身携带可能被抢走的东西，就不会有任何事情发生，您一定会奇怪，为什么我们7月下旬，在那不勒斯待的最后一个晚上，手里要拿一个包。（实际上，我们是去给一个装订商送书，且小心翼翼地紧紧靠墙。）

然而，我们穿过一片空地，准备搭乘出租车回家时，两个一直尾随我们的年轻人，骑着一辆韦士柏牌摩托车从我们身边闪过，抢走了包；

弗朗西斯抓住包的一瞬间被甩到地上,然后遭拖拽。真是可怕的时刻。(戏剧性的一幕很快就过去了,应该说是马上就要过去了。)街上有不少好心人。警察来了。两个(当然是另外两个)年轻人告诉我不要等救护车,把弗朗西斯放在他们车上,我们就这样飞奔到附近的医院。医院的房舍破旧不堪,但医护人员的医术高超、高效、非常人性化。照了 X 光片后,我给一位那不勒斯朋友打了电话,还没等我说完,他就说"马上来",然后挂断电话。他整晚都陪着我们。弗朗西斯被送去第二家医院一个专家那儿,检查受伤的头部。(那是 7 月的一个星期六晚上,这位专家正在海边的乡村地区。接到电话后,他立即出发,花了一个半小时赶到时,已是午夜时分,陪了弗朗西斯两个小时。)他说伤势限于鼻骨骨折和挫伤,可能还有颧骨破裂。另一处重伤是右肩骨折。当然,挫伤、血迹等使一切看起来很是骇人。好在两天后,在朋友、航空公司人员、医生等各方面给力的帮助和无微不至的照顾下,我们搭上了飞往纽约的飞机。(那不勒斯的医院不收我们一分钱,什么 X 光检查、救护车、医生们数小时的工作,都没收费。)回到医疗圣地纽约后,一切乱成一锅粥。我想,如果你能进行复杂的主诉(但愿这样的事不会发生),而且有很多钱,这里应该是个好地方。但是,对肩部和鼻子骨折的忽视是很可怕的,导致鼻子大出血,回到这里十天后的一个黎明,弗朗西斯被送进纽约医院。在医院住了一个星期后,除了肩膀需要慢慢恢复,大部分问题都解决了。现在肩膀已恢复,只需要继续锻炼活动能力等。弗朗西斯的体重减轻了,因为天气一直热得无情无义。他还出现了一周的抑郁,可能是一种延迟反应——整个病程中,他都很镇定,甚至还很幽默。

说来话长,这就是我们此刻在纽约的原委。本月晚些时候,弗朗西斯在与我会合之前,最后一次去看肩关节医生,之后我们希望在意大利待到 11 月 12 日左右。想想,我们回到这里,您也几周后重又回到这里。我承认,我觉得这座城市在各方面都很糟糕。不过,朋友相聚热闹非凡，音乐、图画和其他财富未尝不是莫大的补偿。（昨天，一位大都会博物馆的朋友让我们提前参观了马奈的画展。在我看来，这位画家的画作质量参差不齐，当然，他才华横溢。）您离开后，在第 57 街和第五大道交会处，一座令人震惊的大厦对外营业了，那就是特朗普大厦，一座粗鄙的物质主义殿堂。也许，它蕴含着达拉斯的意味；或是某种粗暴、模糊但有组织的炫富安排。"特浪得虚名"大厦……

詹姆斯·柯卡普对帕特里克·怀特（Patrick White）自传的看法让我完全摸不着头脑。我难以想象，一部充满了怀恨之心、不折不扣的利己主义和复仇心理的作品会给人留下如此深刻的印象。当然，书中不乏精彩之处——关于希腊的作品，战争中的插曲，在英国、中东的经历，在澳大利亚乡村的青春。但是，只要有直接的个人评论介入，就会有攻击某事或某人的危险，而这种危险通常会一触即发。有一次，帕特里克·怀特说马诺利（Manoly，他的长期伴侣）对他评价道："我甚至也恨他。"如果马诺利不这么认为，他倒似乎是个幸运的例外。怀特对画家西德尼·诺兰（Sidney Nolan）的攻击非常离谱，他是怀特三十年来无浪漫关系的最为要好的伙伴（起因是诺兰在妻子辛西娅自杀身亡后再婚）。怀特说："我不能原谅他把头枕放在另一个女人的胸脯上。"——您不觉得这很疯狂吗？他凭什么去"原谅"谁？有什么需要他来原谅？为什么要向世人宣告？他就是这样对待"友谊"，不过把它当成在《名人录》中寻求的一项"消遣"……

这也挺令人沮丧的。

是时候去意大利了。

您的"连载"听起来非常吸引人。我感到惊讶的是，在那样一个年代，一个日本女人会觉得自己处于强势地位，以至对儿子的背叛（哪怕是为了佛教事业）深恶痛绝。我得想想歌剧的情形。奇怪的是，我竟然没有想到更多关于母子关系的例子，因为在意大利只消待上几天就会发现母子关系是多么重要。当然，而今母子关系也会受到一些侵蚀，但对于老一代人来说，母子关系是神圣的。"妈妈"不仅指圣母和母神，而且是一种自然力量，是意大利人生命的悸动。是的，《游吟诗人》（*Trovatore*）还有那令人生畏的台词："爱你之前，我已为人子。"图里杜（Turiddu）和他的母亲露琪娅（Lucia）。好吧，我们得研究一下这个问题。

......

要问的很多，想交流的也很多。我们期待着这一切。同时，......致以我俩的深情厚谊。

雪莉

东京，1983 年 12 月 17 日

亲爱的雪莉：

　　我为自己没能回信而深感愧疚，但我已受到惩罚，因为从那以后我再也没有收到你的来信。我喜欢写信，大体也算一个不错的通信者，那该如何解释我的沉默呢？我想这是因为我觉得给你写的信，必须保持一定的读写水准，而这是其他大多通信所不需要的。因此，我推迟写信，等我有时间思考，等我头脑清醒，林林总总。问题是，我真的很忙，寄出一封差强人意的信和完全不写信之间，如果要作出选择，恐怕我选择了后者。今天，我要选择前者！

　　我的忙碌来自一个意想不到的方面。7 月份，《朝日新闻》请我写关于日本日记的连载。战时的经历让我对日本日记产生了浓厚的兴趣。大约一年的时间里，我除了阅读太平洋地区各战场日本士兵尸体上取下的日记外，什么也没做。我练就了阅读潦草字迹的本领，这种本领现在仍然有用，但我第一次意识到日本人也是人，我对他们有了特别亲切的认识。可以说，我所熟悉的第一批日本人，在我通过他们的日记认识他们之前都已去世。大多数日记的开头（士兵或水手离开日本之前）都是千篇一律地表达狂热的爱国主义。后来我了解到，士官们会定期检查日记，以确保日记作者怀有的是被认可的情感。一旦写作者孤身一人或困在一支被敌人包围的小部队中，他就会放弃一切伪装，准确表达自己的真情实感。反正这种情形经常出现，以至于阅读这些日记成为一种时断

时续、引人入胜的体验。

　　因此，当我接受任务，每周写五篇有关日本日记的系列文章时，我并没有太担心可能会遇到的困难。可一旦投入写作，我意识到自己只能用全部精力来完成这项工作。虽然轻松的对话系列可能比我实际一直在写的东西更符合大众口味，但我不能草草了事。我从 9 世纪的第一批文学日记开始，稳步耕耘，已阅读 1600 年前的大部分文学日记。这意味着还要阅读许多我从未怀疑过其存在的次要作品。无论日记乍一看有多么不起眼，我总能有所发现。我现在已经写了 131 篇……

　　这对我来说是一种学习，却使我偏离了本应完成的主要任务，即完成日本文学史的撰写。第一卷（早期历史）的工作在 7 月份停滞不前，虽然我可以使用一些日记材料，但这实在耗费我有限的可支配时间。

　　日本文学史的两本现代卷定于 4 月出版。原定出版日期是 1983 年 5 月，但书的规模似乎让所有人都目瞪口呆，这两本书将达 2 000 页左右。一想到出版价格，我就不寒而栗。英国出版商塞克（Secker）说，他将只为英国进口 250 本。想到只有 250 个人或机构买我的书，真是令人难过！但书中包含了我想涵括的内容，而且有些人肯定会觉得很有用，念及于此，至少还是倍感欣慰的。

　　……

　　　　　　　　　　　　　　　　　　一如既往的，
　　　　　　　　　　　　　　　　　　唐纳德

纽约，1984 年 4 月 3 日

亲爱的雪莉：

……

你去意大利的日子似乎很久远。上周，我们经历了冬季最严重的暴风雪，而今天则迎来了春日的和暖，只有这一处、那一处成堆的黑色残雪在提醒我们业已过去的上周。

这个学期进展缓慢，但还算顺利。一位同事让我萌生 5 月中旬去意大利北部短暂逗留的想法。我近二十年没有去过法国和意大利了。我曾写信给威尼斯大学的一位朋友，那所大学设有日语课程，我询问他们是否愿意让我作个讲座。倒不是我有什么关于日本文学的特别想法要传达给威尼斯人，而是因为我现在觉得自己太像个游客，很难为情。

《西方的黎明》（*Dawn to the West*）出版日期定于 4 月 30 日。毫无疑问，出版商认为这在某种意义上是必要的，可以给评论家足够的时间阅读这些大部头作品，一旦出版，就意味着我不会在这里待很长时间。你告诉过我，你和弗朗西斯什么时候回来，但我只记得是 4 月份。真希望纽约能有吸引之处，让你离开卡普里！

上周，我就见证了这样一个"吸引之处"，我看了一场精彩绝伦的演出《唐·卡洛》（*Don Carlo*）。在歌剧院里，鲜少出现一切顺利的情况，但这次就尽如人意。

本周末，我将前往达拉斯，在新落成的博物馆发表演讲，那里正在举办大型日本艺术展。

......

真羡慕你尽享意大利的春天。这里，天空湛蓝，气候和暖，但几乎看不到一片嫩芽。无论如何，请尽快回来！

唐纳德谨上

明信片，加德满都，1984 年 5 月 31 日

亲爱的雪莉、弗朗西斯：

自从我们十天前通话后，仿佛已过去了好几个月。谢谢你们"旅途愉快"的祝福。我们从威尼斯出发，驱车前往维也纳，在那里度过了极其惬意的四天，我试图回味有关这座城市的记忆，但多少有些徒劳。我上次来这里是 9 岁的时候。只有弗朗茨·斐迪南（Franz Ferdinand）大公血染的军装在我的记忆中挥之不去。我从维也纳出发，经过一条迂回曲折的路线前往加德满都，那里充满东方和西方（嬉皮士）的异国情调，我悠闲得很。

祝一切顺利。

唐纳德

明信片，那不勒斯，1984年6月26日

亲爱的唐纳德：

　　非常感谢您寄来的那张令人惊讶的明信片。天哪，您下一站会去哪里？（我们希望答案会是"纽约"。）我们在这里度过了完整且愉悦的夏季时光，即将离开，相当不舍。下周，我们将前往佛罗伦萨和锡耶纳（Siena），之后，7月中旬去纽约，（我）8月1日去澳大利亚（这些讲座 [8] 真要命）。最晚大概8月24日回纽约，9月初回意大利。听上去像活在喷气时代（听着相当吓人）。我们相信您顺遂无虞，我甚至不想提"工作"一词。

　　爱与您同在。

雪莉

东京，1984 年 7 月 9 日

亲爱的雪莉：

　　谢谢你寄来的印有罗马壁画的明信片（还有印有莫迪利亚尼的大邮票）。可以想象，7 月离开卡普里前往纽约一定很不容易。

　　弗朗西斯让我装订的书已经准备好了，或者说差不多大功告成。这本书是按照日本风格装订的，而不是皮革装订，这意味着它更像一个盒子。希望能合他的意。书名和作者名这两项其他国家装订商会自动提供的内容却被留空。我请装订商写上这些字，但他拒绝了，说他不配做这项工作。他的父亲曾经提供此类服务，可惜已经去世，他本人对自己的书法没有信心。我劝他说，你或弗朗西斯不可能发现他的书法有问题，但说什么也没用。所以，我只好献丑了。我担心你会发现有些地方不太对劲。如果你觉得写的字有问题，可简单贴一张纸盖住它，再找一个真正有书法功底的人来帮忙。

　　我一直在等主编约稿，就我今年秋天的欧洲之行聊一聊。关于维苏威火山（Vesuvius）和富士山的比较研究至今毫无进展。我在大厅见过那个人，他答应某天见个面，但可能他并不像我误认为的那样热衷于派我出国。无论如何，我将继续祈祷。我在东京已经待了一个多月。我在几个方面感到相当沮丧。首先，我一直在研究过去一百年的日本文学，结果很难适应阅读 9 世纪诗歌所涉及的完全不同的学术研究。其次，由于各种不相关的原因，我与日本朋友的见面比过去少了很多。我甚至不敢给他们打电话，怕我的电话会被理解为对他们未与我保持联系的责备。（这听起来可能有些夸张，但日本人倾向于寻求每一行为背后真正的动机。）最后，我的时间似乎被各种琐事占用。这么多年过去了，我还没有学会如何说"不"。

你在准备讲座方面显然比我认真得多，希望听众能积极回应。我很喜欢在澳大利亚作讲座（墨尔本除外），在那里我不得不在供应甜点和咖啡的时间开始讲座，还被告知要把讲座时间从 60 分钟缩至 30 分钟。毫无疑问，你的讲座将在一个合适的大厅里举行。相信你的演讲会引起轰动，不过，对你来说这不足为奇。

祝你和弗朗西斯一切顺利。

唐纳德谨上

纽约，1984 年 7 月 14 日

亲爱的唐纳德：

　　一周前的今天（今天是"14 日"），我们去锡耶纳郊外森林中一座荒废的古老修道院进行了一次"净化之旅"（确切地说是一年一次或两年一次，但净化仪式是类似的），要到达那里须经由一条小径，小径长满《睡美人》里描述的藤蔓和野生白玫瑰。我第一次知道这个地方是在三十年前，那时"好姐妹"们还在修道院的食堂里，马槽和牲口棚遮住了神圣的乔万尼·迪·保罗（Giovanni di Paolo）所作壁画，或许也并非不恰当。教堂里还有利波·万尼（Lippo Vanni）和其他 14 世纪锡耶纳人的壁画。大约二十年前，这些壁画得以修复，此处也变得"井然有序"。一位农夫负责守护这里。就这样，在一片寂静中，当然，这片寂静中能听到鸟鸣和泥土的喃喃低语，我们沿着小斜坡来到教堂。迎面走来一个戴面具的女人，她用美式英语问我们："你们在这里干什么？你们只是游客吗？"她的语气并不友好。这时，从他们在地上挖的一个大洞中出现了一群人，或者说是一队人或一排人。（他们在寻找中世纪的蓄水池；找到后，他们会再用泥土填上，感谢上帝，然后他们各自散去。）维拉诺瓦（Villanova）大学，吓人的是，他们对这个地方及所有的这一切，其自然和美学意义以及高贵的氛围毫无兴趣。只有一个人会说意大利语。所幸现在担任守护人的农夫和他的兄弟，竟然是我在锡耶纳另一边基安蒂（Chianti）一栋别墅里度过古老锡耶纳时光时认识的农

场工人，那八年里，我每年都有一部分时间在那里度过。一切已物换星移。我们欣喜地认出对方，靠在石墙上晒太阳，谈论着如此美丽的"过去"，戴着面具的人影从我们身边匆匆而过。是的，过去，那栋别墅里确实有一片樱桃园。我想，它现在应该是一个游泳池。

好吧，我现在准备就绪，要动身前往澳大利亚……您的来信让我心中升起了希望，希望"他们"也会要求我将讲座时间从60分钟缩至30分钟。请坚持富士山火山和维苏威火山的比较研究，我们看好它。别忘了研究下两座相似的城市——镜岛（Kagashima）和那不勒斯及那不勒斯怡东酒店（Hotel Excelsior）可供选择的日式菜单，这将是一个富有成果的研究对象。

我从埃德加·约翰逊（Edgar Johnson）的《狄更斯传记》中得知：查尔斯·狄更斯8岁时，偶尔被带去查塔姆（Chatham）附近的皇家剧院，"受到启发，创作了悲剧《印度君主米斯纳尔》（*MISNARTHE SULTAN OF INDIA*，根据《精灵物语》中的一个故事改编）"。这些故事讲什么？真好奇。

要说的太多了。我们想念您，您的信又勾起了哪怕短暂的想念。保持联系，我要"汇报"澳大利亚之行……

致以深情厚谊。

                                                          雪莉

另：关于还没有学会如何说"不"的问题，我认为，说"不"是至关重要的，但我也深受无法说出这个字的痛苦。不过，我刚在美国《时尚》杂志上读到一篇对一位年轻女小说家罗宾逊（M. Robinson）的采访，她在哈佛大学执教，说自己敦促学生不要在谈话中逗人开心、不要写有趣的信甚至明信片等，这样才不会平白浪费才华。谁要是同她共进晚餐，老天爷都会看不下去吧。这个世界变得多么小家子气呀！

宇佐美，1984 年 8 月 15 日

亲爱的雪莉、弗朗西斯：

感谢 7 月 14 日的来信。我选择了另一个历史性的日子给你们回信。日本投降 30 周年纪念日。我是在伊豆海岸的家中写下这封信的。这是一个美丽、炎热的夏日，蔚蓝的天空中懒洋洋地飘着大朵大朵毛茸茸的积云。三岛由纪夫喜欢这些云彩，我莫名觉得，他 11 月去世那天，天空中就飘着这些云彩，这种感觉从他那儿肯定无从得知。1970 年，我倒数第二次见到三岛，就是在伊豆半岛尽头的小城下田（shimoda）附近。（我 9 月份动身去纽约时，他来机场送我。）我总在想他，想他可能写过的那些书。在我认识的逝者中，我最想念三岛和伊万。

回想起 1945 年 8 月 15 日，我与三四名日本战俘站在关岛的指挥部帐篷里，听天皇宣布战争结束的广播。我几乎听不懂他高亢的话语。他说的是一种遥远的古典日语，我甚至闻所未闻。当战俘们泪流满面时，我印证了自己的猜测，我以为永远不会结束的战争切切实实已经结束了。现在，我眺望三面青山的海湾，远处有一个小岛和一个大岛，写下了这几行字。我甚至还拥有几平方米的日本领土，尽管战争期间，我曾想它可能一触即溃。外面，蝉鸣不断，两三只风筝在空中盘旋。我实属幸运。

我很高兴你们喜欢伊莎多拉·邓肯（Isadora Duncan）那本书的"装帧"。请将此作为礼物……

我不记得雪莉什么时候动身去澳大利亚，如果她还没走，衷心祝愿她旅途愉快，演讲圆满成功。

　　秋天的欧洲之行，毫无进展，我仍在期待中。

唐纳德谨上

东京，1984 年 10 月 18 日

亲爱的雪莉：

那天晚上（你那儿的白天？）很高兴同你通话。我拨了很多次才接通了你的女房东（？）。她建议我晚上八点打电话，那是我这边的凌晨四点，我怀疑自己是否能在那之前醒来。我发现自己的意大利语水平有限，根本不足以表达我想说的话，我刚挂断电话，"明天同一时间见"这句话就闪现在脑海里。我可能告诉过你，我通过收听纽约的意大利语广播电台学会了有限的意大利语，系列广播结束之时，他们会敬请听众在第二天同一时间继续收听。〔我尤其记得歌剧时间。它总是以罗莎·庞塞尔（Rosa Ponselle）录制的《安宁，安宁》（*Pace pace mio dio*）前半部分作为开场，然后插播赞助商的广告——"安宁，安宁"橄榄油。〕

……

我计划 11 月抵达后，先从罗马前往卡普里。可能会感到疲惫，但还不至于筋疲力尽，想到能见到你、弗朗西斯和伊丽莎白，精神为之一振。

……

非常期待再次见到你们。

唐纳德谨上

东京，1984 年 11 月 18 日

亲爱的雪莉、弗朗西斯：

　　我回到东京刚一周。回来后的第二天，我在岐阜（Gifu）作了一次讲座，岐阜离这里约三个小时路程。昨天，我又在更远的山形（Yamagata）作了一次主题完全不相关的讲座。明天还有一场讲座，周四又有一场，然后今年的讲座就结束了。不过，与其等着欢呼雀跃，不如写信给你们，感谢你们激动人心的来访。这真是再欢畅不过了……

　　前往罗马的旅途一切顺利。在车站，一位站在黄色出租车旁的男子邀请我坐他的车，但他直言不讳地说，由于交通拥堵，到达我下榻的酒店可能要花费 25 000 里拉。我这才第一次注意到正规黄色出租车那儿已经排起了长队。酒店房间很舒适，带阳台。我给米纳斯（Meanas）写了一张便条，在同一栋楼里学习瑜伽的一位奥地利人的帮助下送了出去。我找到纸莎草纸，买了一个盒子，在奥泰洛（Otello）吃了一顿丰盛的晚餐，买了一大块戈贡佐拉干酪。事实上，我按照计划及雪莉在地图上仔细标注的内容完成了一切。

　　第二天，我在航班起飞前两个小时到达机场，被告知我是候补乘客。我说，我已经确认过，并再次确认了预订。他们承认情况确实如此，但说到如何处理时却无能为力。我等了一个小时，开始紧张起来。如果我不能登上那趟航班，我就会错过在岐阜的讲座。其他同样处于候补状态的乘客开始被叫到名字，而我的名字没有出现。此时距离起飞时

间仅有半个小时。这时，天助我也，我发现了一位意大利航空公司的日本员工，我向他大吐苦水。幸运的是，他听说过我，并竭尽全力让我登机。离起飞还有十分钟时，他拿着一张票出现在我面前，我急于登机，踩到好几个人。座位是商务舱，比我平时坐的经济舱好得多，过了几个小时，我此前激动的情绪才得以平复。

  ……

收音机正播放的背景音乐是《女人心》(*Cosi Fan Tutte*)。耳边响起如此美妙的音乐，却不能好好聆听，真是暴殄天物，但我的信实在不能再拖下去了，我想再次致谢，感谢你们让我度过了真正美妙的十天。

一如既往的，
唐纳德谨上

纽约，1984 年 12 月 18 日

亲爱的唐纳德：

非常感谢来信。我马上给您回信，以便对您有关那不勒斯问题有一些回应，哪怕回应得差强人意……

在《意大利旅游俱乐部指南》（*Guida Rosa*）中，对高中（Liceo）的壁画描述如下，我将其译为：

> 前贵族讲堂（ex-Oratorio dei Nobili），曾一度是毗邻的新耶稣（GESÙ NUOVO）教堂建筑群的一部分，现在是"A. 热诺韦西（A. Genovesi）"高中的体育馆：两间宽敞的房间，第一间壁画是乔瓦尼·兰弗朗科（Giovanni Lantranco）创作的《圣徒与天使》（*SAINTS AND ALLEGORIES*），装饰围绕乔瓦尼·巴蒂斯塔·卡拉乔洛（Giovanni Battòsta Caracciolo）的《耶稣诞生》（*NATIVITY*）中央组画展开；第二间壁画是 18 世纪一位不知名画家创作的《圣母生平》（*SCENES OF THE LIFE OF MARY*）。

顺便提一下，新耶稣教堂指这座教堂是在那不勒斯第一座"耶稣教堂"（那是一座非常古老的建筑，现被围在大学内）之后落成。"A. 热诺韦西"是为了纪念这个人，以他的名字命名的高中（如"马丁·路

75

德·金高中")。兰弗朗科和巴蒂斯塔·卡拉乔洛是 17 世纪那不勒斯最优秀的两位画家，这从我们参观的展览中一目了然。

想到这一切将会用日语介绍出来，真是激动。……第一组壁画毫无疑问混合了古典和基督教场景。您和我晚上去的教堂名为马耶拉圣彼得（San Pietro a Maiella，这里圣彼得源于意大利南部一座名为马耶拉的山），它是音乐学院（Conservatory of Music）的附属教堂（庭院里，贝多芬的雕像以其惯有的眼神怒目而视）。

……

文字处理器不适合我们。我能"做对"的唯一希望就是亲力亲为去改正，而非使用机器。橡皮擦受累了，但"能让人集中精力"。

舒伯特——真是个奇迹——难掩激动——美妙极了。

我们对 1 月 15 日的到来充满期待。弗朗西斯可能"不得不"新年时在巴黎待一周，去参观一场大型的狄德罗画展，他可能会写些关于这场画展的文章。此外的时间，我们都在这里，热切盼望我们的重聚。

致以深情厚谊。

雪莉

东京，1985 年 6 月 16 日

亲爱的雪莉：

我回到东京才一周。我现在不仅在东京的住所重新安顿下来，而且还恢复了这里相当忙碌的生活，这与我在纽约的生活形成了鲜明的对比。对你而言，卡普里是一年中安静之所；对我来说，纽约可比东京清净得多！

多亏你的热心帮助，罗马之行进展顺利。丹吉尔特拉酒店（Hotel d'Inghilterre）似乎一直都没有我的旅行社的消息，好在你为我安排了房间。……第二天一早，我按照你给的攻略开始游览。不管别人如何细心指导我，我常常迷失方向，不过，你的指导不啻清晰的奇迹。我参观了万神庙（Pantheon），瞻仰了拉斐尔墓，之后前往圣王路易堂（Church of San Luigi dei Francisi）。这是一座多么了不起的教堂啊！卡拉瓦乔小礼拜堂果然壮观。我一边写，一边看着明信片左边的画《圣马太的使命》（*Vocasione di S. Matteo*）。在我看来，这幅画比我在纽约卡拉瓦乔画展上看到的任何一幅画都更令人难忘。多么了不起的画家！翻着明信片，我现在看到《朝圣圣母》（*Madonna dei pellegrini*），我在圣奥古斯丁教堂（Chiesa di S-Agostino）看到过这幅画。这是令人难忘的教堂里又一幅绝妙画作。我本以为对罗马相当了解，虽然了解仅限于1950—1953 年间，但我觉得自己很可能从未去过这两座教堂。这可能吗？抑或我早已遗忘？

我还参观了安吉莉卡图书馆（Biblioteca Angelica），喃喃念着你教我的暗语，兴致勃勃。我很享受在你的指引下"探索"那不勒斯的感觉，像卢卡这样完美的地方难以比拟，我想下次访问意大利时，一定要在罗马多待些时间。

成功游览你指引的各个景点后，我鼓足勇气，独自一人步行至圣天使堡（Castel San Angelo）。这座建筑本身及它与歌剧《托斯卡》（Tosca）的关联，还有许多被囚禁在那里的人的悲惨故事，总让我心有所动。我不记得是否告诉过你我在英国的朋友迪金斯夫人（Mrs. Dickins），她翻译了塞滕布里尼（Settembrini）的书信，塞滕布里尼一生中大部分时间都在监狱里度过。她一直没有找到出版商，或许是因为她总觉得自己的作品会遭到拒绝。

当然，我还得为卡普里之行再次感谢你。坐在天然拱门（Natural Arch）附近用餐时月亮初现，在法拉廖尼礁石（Faraglioni）间游泳，在水边吃午餐，清澈的水中鱼儿成群，当然，还有传说中杰玛餐厅（Gemma's）的晚餐，这一切仍让我记忆犹新。我有限的意大利语能听懂你和那个为你复印的人的对话：你说卡普里是天堂，他同意。我也深以为然。

一个多星期后，我将出行，为《纽约时报》撰写一篇文章。我可以完全自主撰写，可以不用再去内陆海（Inland Sea），但这是一个很好的机会。我可能已经告诉过你，一个拥有二百年历史的歌舞伎剧院已得到完美修缮，6 月 26 日起，那里将有演出。以日式坐姿在那里坐上一上午和一下午可能会很不舒服（没有人工照明），即使我的这篇文章尚未能为戏剧找到一席之地，但应该不枉此行。

祝你和弗朗西斯一切顺利。

唐纳德谨上

卡普里，1985 年 6 月 29 日

亲爱的唐纳德：

……

唐纳德，您真可谓世界上最令人愉悦的可以提议游览建议（在其他许多方面亦如此）的不二人选。您不仅听从建议，还乐在其中。当然，您自己肯定收到过游客的反馈，抱怨依循攻略时遇到了困难，或者克服重重障碍，最终到达古迹时大失所望……而您似乎轻而易举找到目的地，并且认为诸如卡拉瓦乔的圣马太系列作品等并不令人失望。事实上，约翰·波普－亨尼斯（John Pope-Hennessy）曾试图从圣王路易堂撬走那些画作，用于大都会博物馆的卡拉瓦乔作品展。我觉得这太离谱了，借展被拒绝后，我总算松了一口气。很壮观，不是吗？用以前的话说，它们如此"复杂"，从构图到作品的完成，都如此复杂。说到大都会博物馆的展览，我确实认为"鞭笞"一展极为精彩——展现鞭笞者的残暴享受及受害者的软弱与被动。几年前，有一个来华盛顿的展览，此前在英国皇家美术学院（Royal Academy）开幕（您去年在卡波迪蒙特看到的是经过调整并在某种意义上放大的版本），展览中有一幅伟大的那不勒斯画作《七善行》（*The Seven Works of Charity*），这件作品在卡波迪蒙特卡拉瓦乔画展中展出，该展今日闭幕。但是，这幅画作已巡回展出多年，无论从哪个角度看都价值连城。它在那不勒斯久未展出，以至于文化遗产院不愿再次借展给今年大都会的卡拉瓦乔画展。您下次来那

不勒斯时就能一睹其风采了。

您走进圣奥古斯丁教堂，走进安吉莉卡图书馆，这是多么美妙的事情。踏入图书馆那一刻，惊奇与喜悦，一种探索之感扑面而来。您在那个上午接着就去了圣天使堡，一个美轮美奂的地方。佩里诺·德尔·瓦加（Perin del Vaga）为教皇保罗三世装饰的那些上层房间，在我看来像是营造了一个华丽的梦境。之后，可以到露台上，沉浸在一片欢愉之中。

……

我想知道迪金斯夫人的塞滕布里尼书信手稿后来怎么样了？

……

在天然拱门，我告诉他们您从东京写来的信，信中对共进晚餐时的月出"记忆犹新"。今晚，弗朗西斯和我希望能再次见到它。您会忘记那突如其来的红色幻影和食客们那倏忽的沉默吗？卡普里的美景之一，如您所说，是海里畅游时，一抬眼，法拉廖尼礁石、石灰岩悬崖或索拉罗山（Monte Solaro）正悬头顶。这些美景足以让文印工作人员觉得自己身处天堂。打那以后的生活，我有好多要同您分享——不过，要是见面的话，我尤其想同您聊聊我们最近在维苏威游览的日子。天哪。那不勒斯不仅能超出期待或是带来意外之喜，它就像一座爆发的维苏威火山，喷发出惊叹和愉悦……

我们期待着内陆海的成果和歌舞伎的报道。期待收到您闲暇时的来信，不消说，期待尽快见到您。感谢您赠送的精美盒子，弗朗西斯一眼就相中了它，他非常喜欢使用时的"手感"与细腻。还有那个完好无损的潘芙蕾（Panforte），我们打算下周弗朗西斯过生日时切开它。他对错过您的到来感到非常遗憾，他很喜欢听您讲述的一切，并希望不久后您能再次造访卡普里。

致以我俩的深情厚谊。

雪莉

另：若真如您所言，我的路线指示清晰，那是因为我试着想象自己按照指示去走，从而将所有概念简化为一望而知的可能性，以便像我这样没有方向感的人也能做得到。我和弗朗西斯天生都没有"方向感"。

东京，1985 年 7 月 29 日

亲爱的雪莉：

　　收到你的来信真高兴，信封上精美的邮票预示来信内容令人愉快。我对意大利报纸上的文章也很感兴趣，我学了一个新词——"yamatologo"，毫无疑问，这是更熟悉的"Japanologue"（日本语）的变体。你说没听说过的那本书，是献给伊万·莫里斯的论文集，该书以他的一个计划为基础，他曾想用整本英文书来写《源氏物语》其中一个名为《浮舟》（*Ukifune*）的章节。记得他曾邀我加入，但由于这个时期与我彼时的研究工作相去甚远（尽管很接近我现在的研究），所以我婉言谢绝了。伊万计划做一个直译版本（尽可能按照字面意思把日语译成英语）和一个融入他一贯优雅风格的版本。他去世时只留下直译本，而编辑（以前的学生，现任亚洲艺术中心主任）出于我不知道的原因，决定不将其收录于书中。

　　……

　　下个月，一群日本歌手将演出马斯卡尼（Mascagni）的歌剧《伊利丝》（*Iris*）。我知道其中的一段咏叹调，很久以前由吉里（Gigli）录制，但我从来都没怎么在意这部歌剧，仅仅因为其中两个主要角色名为"大阪"和"京都"。当然，真应该有人告诉可怜的马斯卡尼，人名和城市名没有必要相同。这是一场值得期待的演出——日本人表演日式风格作品时，要尽量表现得古雅，同时还得高声吟唱咏叹调。

你在信中提到的卡索邦（Casaubon）先生提醒了我，我为坐飞机打发时间买了一本《亚当·比德》（*Adam Bede*），但当时没读，我现在已经开始阅读了。我认为乔治·艾略特是一位让人印象至深的作家。这当然不是什么惊人发现，但我最后读的两部19世纪英国小说——乔治·梅瑞狄斯（George Meredith）的《利己主义者》（*The Egoist*）和《巴切斯特塔院》（*Barchester Towers*）让我怀疑，日本文学是否让我已无法欣赏维多利亚晚期的小说。乔治·艾略特让我放了心。我最近还饶有兴趣地阅读了爱丽丝·詹姆斯（Alice James）的日记。

　　向你和弗朗西斯问好。

唐纳德谨上

东京，1986 年 6 月 23 日

亲爱的雪莉、弗朗西斯：

上周日回东京后，一直想给你们写信，但那个令人好奇的问题让我却步：雪莉问的那个完全合理的问题，即战争期间敌国侨民被放置在哪里，我至今还没有找到答案。我得到的答案五花八门，比如"将他们与一直生活在国外的日本人相交换"，或者"他们继续在原地生活，但受警方的监视"。最近，有人答应去找曾在宪兵队工作并且了解这类事情的人打听，我还在等待答复。有一个地方位于山区，有时称它"轻井泽"（Karuizawa）。我知道一些外国人，特别是德国人，在那里度过了战争年代，也许敌国侨民也住在那个偏远的小镇上。我以前认识一位比利时牧师，他曾被关押在那儿，他肯定能提供答案，但我不知道他现在在哪里。总之，我没有忘记雪莉的这个问题。一有消息，我会再写信。

自从在卡普里与你们见面后，发生了许多令人愉快的事情。如你们所知，之后，我去了米兰，与朋友们待在一起。我参观了市内包括圣欧斯托焦大教堂（San Eustorgio）在内的著名教堂、米兰布雷拉美术学院（the Brera）、小而美的波尔迪·佩佐利博物馆（Poldi Pezzoli Museum）以及帕维亚的卡尔特修道院（Charterhouse）。最精彩的当数阿巴多（Abbado）在斯卡拉大剧院（La Scala）指挥的演出《佩利亚斯和梅丽桑德》（*Pélleas et Mélisande*）。唯一出色的歌唱家是美国人弗雷德里卡·冯·斯塔德（Frederika von Stade），我此前从未如此这般为流

淌的音乐所打动。布景同样非常出色，尤其是其中一个描绘了井内情形的布景，恋人们探头出护墙，正往下望向井中。

在埃及的一周非常愉快，尽管埃及热得惊人（阴凉处 45 摄氏度，太阳下 57 摄氏度）。与我在芬兰的沉闷经历不同，日本大使馆的工作人员竭尽所能让我的埃及之行难以忘怀。他们无疑成功了。

现在回到东京，这里异国情调似乎杳无踪影。有很多讲学邀请，报酬都很高，难以拒绝。同样，还有非常多的手稿请求，我真的不得不想出拒绝的方式。

……米兰是我到访过的最优雅的城市，给我留下了深刻印象，当然我只看到它最好的一面。与米兰的华丽相比，那不勒斯的废墟宫殿更为强烈地吸引了我。我还没有决定如何回应那不勒斯大学提供的工作。要是我吞下一粒神奇的药丸，就能说意大利语并听懂意大利语，那该多好！那我就好做决定了。我担心学习意大利语将意味着不规则动词、从句和其他一切。我觉得自己已经太老了，从头开始学一门语言，有心无力。

再次感谢你们让我在那不勒斯的卡普里度过了愉快的时光。我担心我改变计划，会给你们的工作带来麻烦和阻碍，但我真的很高兴能参观你们在那不勒斯的新居。

唐纳德谨上

卡普里、那不勒斯，1986 年 7 月 20 日

亲爱的唐纳德：

迟迟没有给您的信件和明信片回复，真是惭愧。上次见面后，我们的生活就像在"跑步机"上跑步，惯常的效果便是永远无法静下心来写一封自己真正在意的信，真是一贯如此……

您的逗留颇有些遗憾之处，嗯，比如没能带您到我们房东的别墅去，也没能到下面的海边走走。没有去考古博物馆，没有去圣马蒂诺（San Martino），没有去欣赏音乐演出，不一而足。种种差强人意，我们将下次弥补或者希望能有所弥补。我们记忆里那么多令人愉快的事情或许会让这些美中不足不那么刺眼？从您的描述中，我感觉您在米兰待得很惬意？是的，波尔迪·佩佐利博物馆多么令人愉悦。我第一次独自在米兰，是 1957 年年底一个寒风凛冽的日子，记得在那里非常开心。我想，第一次看到瓜尔迪（Guardi）足以让任何人感到高兴，我想起"灰色潟湖"。

……

我曾觉得很奇怪，米兰长期以来一直是帝国的首都，帝国晚期是一个大兴土木的时代，却很少有罗马古迹（一些著名的历史遗迹除外）。读了吉本的书，了解米兰作为首都被匈奴人、哥特人等摧毁的次数后，我对米兰竟还能留下什么古迹感到讶异。如果您还没有去过奥斯塔（Aosta），有一天，您一定要去看看它那壮观的山谷，那儿或多或少

86

可直接通往白山隧道（Mont Blanc tunnel）。往返于阿尔卑斯山途中，这座城市和它的乡村弥漫着强烈的罗马风情。这里到处都是罗马建筑。这是一个美丽的地方，多年前，我们曾在深秋驾车从佛罗伦萨前往日内瓦——那是观赏的绝佳时节，葡萄园高高地建在山坡上，形成阶地，到了10月下旬，葡萄园泛红，在那个凉爽的地方，还能采摘葡萄。

我认为，学过日语的人不必害怕意大利语的过去式或现在式。

我有很多话要说，但大部分都是那不勒斯式的——对美景和灯光的体验……，正如在天然拱门，奥登将这一海湾的现象描述为，在远景中发现"一个绝对目标"。我们已经放开手使用您的芬兰淡色木质"垫子"，每次都赞不绝口。"我们"的"木工"一直在我们那不勒斯的住处干各种活儿，他自得其乐地拿起垫子研究，还注意到这种北方木材呈金黄色，少有"深色"……

现在我们在那不勒斯。我甚至忘了在卡普里给您写信时是什么打断了我——如果没被打断，我倒要惊呆。今晚，海湾奇特地如浮雕一般，像一张老照片。数日的炎热，送来一阵凉爽的风。早上，我们坐在花园里的一棵树下，就在房子靠近公园一侧，读亚历山大城被穆斯林攻陷的故事。穆罕默德这部分是吉本作品中最为惊心动魄的，他用惯有的高雅风格和从容不迫的天才笔触娓娓道来。

弗朗西斯80岁生日那天，我们与格雷厄姆·格林（Graham Greene）在卡普里重逢，那真是我们与他多年来度过的最愉快的时光。……他希望我日复一日、年复一年钻研瓦尔德海姆（Waldheim）一案，[9] 我可不想把余生都花在一个奸诈之人身上。我不知道在日本是否有人对这个故事感兴趣或者普遍了解其中的问题？日本人自己在这方面也遇到了很多麻烦，他们可能没有精力再去研究维也纳的故事了。谢谢您一直关注我对日本监狱的兴趣，那里曾关押过其他国籍的平民政治犯，尤其是宣称自己是反轴心国的交战国国民。如果我们能找到福斯科·马拉伊尼（Fosco Maraini）被囚禁的地方，那岂不是一种答案？有时间的话，我可以向您请教一些我在写作中遇到的战后日本的其他问题吗？不胜感激。

……

致以我俩最友好的问候和深情厚谊。

雪莉

东京，1986年9月5日

亲爱的雪莉：

现在轮到我为长时间的沉默感到羞愧。这并不是因为我把你和弗朗西斯忘在脑后。我一直拖着没有给你答复，直到我能够回答你有关战争期间非军事敌国侨民被关押在哪里的问题。这个问题应该很容易回答。毫无疑问，很多人实际上都有过这样的经历，如果我知道如何与他们取得联系，他们会告诉我。但是，不管你信不信，我还是无法给你一个明确的答案。大多数日本人认为，敌国侨民于1942年被第一艘或第二艘船（我想是格利普霍姆号）遣送回国。有人告诉我，那些留下来的人被关押在轻井泽或箱根（Hakone）这两个山区度假胜地。我知道，战争期间，德国人在轻井泽，但他们不是敌人。我买了一本上了年纪的澳大利亚人哈罗德·S.威廉姆斯（Harold S Williams）写的书，名为《日本外国定居点的故事》（*Tales of the Foreign Settlements in Japan*）。这本书真让人抓狂：他写得俨然知道我具体想了解什么，却故意秘而不宣。第24页有这样一段话："格里菲斯（Griffiths）先生在战争期间死于加拿大学院拘留营。"格里菲斯先生似乎是澳大利亚人（威廉姆斯从未提及）。他住在神户，那仍是加拿大学院所在地。我给身为该学院董事会成员的一位朋友打电话，问他该学院在战争期间是否曾关押过外国人，但他从未听说过这方面的消息。他建议我去问问警察！

我不知道你为什么需要这些信息。你大概是希望所写小说中的某个细节准确无误吧。我认为，如果你说拘留营在轻井泽或箱根，没有人会提出异议。（除非某个幸存者，一直在等待机会谴责不负责任的小说家，他决定写信给《泰晤士报文学增刊》的编辑。）如果你写拘留营设在神户，这可能是个错误，不过你可以怪罪到威廉姆斯先生身上。他生于1898 年，此时他可能已经学会了如何为自己辩护。

彼得·莫顿（Peter Morton）给我寄来了他与日本有关的一系列广播录音带。这些节目组织得很有智慧，巧妙地解决了如何与不会说英语的日本人打交道的技术问题。不过，这一系列节目政治上如此扭曲，以至于我觉得听这些录音带很痛苦。我猜想，该节目正是为了从另一个角度来审视日本，与日本经济奇迹、工厂和谐、终身就业等众所周知的话语形成鲜明对比。但是，日本发言人都是新左派中的极左分子，一些言论显然失实。例如，他们告诉我们，农民备受压迫，靠土地为生难以维系，迫于生计，他们中的大多数人还必须到其他地方打工。诚然，现在只有约十万日本人完全以农业为生，但这是因为农业机械的使用大大减少了他们必须在土地上劳作的时间，使他们能够从事其他工作来增加本已可观的收入。现在，大多数农民认为自己属于中产阶级，许多人去过欧洲。据说哥本哈根的性工作者知道一个日语单词"农协"，即"农民协会"的缩写；她们用这个单词向日本人打招呼，认为他们是农民协会的成员！总之，这让我很难感谢彼得·莫顿，即使见面时我非常喜欢他。

我给那不勒斯的日语教授写了一封信，表达我想在 1988 年春天去那里任教。考虑到任何正式安排都可能需要很长时间，一段时间内我不指望能得到答复，不过我已正式申请哥伦比亚大学批准我在那年春天休假。这个即将到来的春天是不可能了，因为同事们都在休假，而我更愿意春天，而非秋天，在那不勒斯和周边地区逗留，那时仿佛置身音乐的海洋。

回答你的问题：我没有看到日本人对瓦尔德海姆一案表现出任何兴

趣，尽管很有可能我错过了严肃杂志上的文章。日本人倾向于毫无保留地支持任何国际性的事物，至少原则上如此，这也许是对战时民族主义的抗拒。如果你有任何关于日本的问题，请随时提出，但我对战后局势的了解只是二手资料。

　　祝你和弗朗西斯一切顺利。

唐纳德谨上

明信片，那不勒斯，1986年9月20日

亲爱的唐纳德：

刚收到您9月5日的来信，是弗朗西斯从纽约带来的，他昨天到的。我临时起意，赶紧向您致谢。我正想给您写信，唯恐您身体不适。感谢您回答了我关于日本拘留营的问题——真是雪中送炭。是的，无疑，那个等待了四十年的幸存者一定会抓住机会的。真让人喜出望外，您申请1988年在那不勒斯任教（这一年，我被邀请去澳大利亚参加建国二百周年纪念活动——如果我应邀的话，可能在8月份）。关于那些录音带，我真希望您能把写给我的话也告诉给彼得·莫顿，否则他怎么会知道真相呢？他是个"自由主义者"（而非"自由党人"），为人非常客观，完全不赞成为了达到某种目的而歪曲政治现实。真的必须告诉他这些广播的本质……

这里及在卡普里的日子精彩纷呈，今晚我们是为数不多的没有去庞贝（Pompeii）听伯恩斯坦（Bernstein）指挥的人。

致以我俩的深情厚谊。

雪莉

东京，1986年10月17日

亲爱的雪莉：

感谢你寄来的带有格兰德码头（Marina Grande）照片的明信片。它勾起了我对卡普里的美好回忆。我很难记住你在哪里，尤其现如今，你有可能会去三个地方。我希望这封信能寄对地址。

在你的建议下，我给彼得·莫顿写了信。我意识到，我很难接受某些日本人的观点，尽管如果由其他国籍的人说出来，我可能会接受。20世纪50年代我刚到日本生活时，知识分子杂志上几乎所有文章都带有强烈的反美倾向。事实上，有些指责非常正确。我自己也曾不止一次下定决心不回美国。（在去日本之前，我一直在剑桥大学教书。）麦卡锡时代理应受到抨击。我总是担心如果那些反美作家得逞，所有美国人，当然也包括我自己，都将不得不离开旅居国，无法回来。客观地看，我大可不必如此恐慌。日本民众并不反美，那些看起来最有敌意的作家可能也没有想要强行驱逐所有美国人。但是，一想到我可能回不来，我就非常痛苦，每一个敌意的迹象都让我风声鹤唳。这种恐惧仍然挥之不去，因此，即使是今天的知识分子，对苏联和中国的幻想业已破灭，以至于找不到可以取代美国的模式了。现在最大的危险，甚至对我个人来说，可能不是来自极左派，而是来自右派。中曾根康弘（Nakasone）及其内阁成员最近的言论，尤其是官方恢复参拜靖国神社，似乎预示着一种新的民族主义。到目前为止，这种民族主义并不针对任何国家，而是满足于坚持日本文明的独特性和优越性。我记得战争期间读过的东西，其中有许多重复的内容。但另一方面，我从彼得·莫顿的录音带中听到常在20世纪50年代和60年代初听到的并无二致的话语时，我又感到了与当时同样的痛苦。

……

今天是入秋后的第一天。今晚，我要飞往日本北部的一个小镇，或许那里会下雪。唉。邀我讲课的需求源源不断，但不知怎么的，我所竭力拒绝的，似乎赶不上我所接受的。整整这个月，我都将在讲课中度过。我最终会得到一大笔钱，但我真正想争取的是时间，而这恰恰是我正在挥霍的。

相信你和弗朗西斯一切顺利。你什么时候回纽约？希望1月份我回来时你能在那里。

唐纳德谨上

卡普里，1986 年 11 月 4 日

亲爱的唐纳德：

非常感谢您 10 月 17 日的来信，我们刚在卡普里收到这封信。……意大利的这个秋天是自 1969 年秋天以来最灿烂的季节。记忆中，那年秋天，我们身处托斯卡纳（Tuscany），享受如这般温暖的金色时光。在过去 48 小时的雷雨天气之前，我们几乎每天享用午餐且在户外就餐，还身着夏装。卡普里的人们还在游泳——这是他们唯一的机会，因为夏天他们太忙了；冬日，天黑得很早，神圣的广场有几分凄凉，商店和旅馆也关闭了。

很高兴您写信给彼得·莫顿。但是，在这封信中，我认为您对他的广播提出了与此前完全不同的观点，我意识到反美主义是其中一个主题。之前您写的是对于日本农业协会所发生变化的歪曲。至于反美主义，我不知道该说什么。关于这点及其在世界恐怖中的作用，我有很多想法。当然，有一个实体叫美国，我相信，它的政府正在以一种灾难性的专制方式对待那些不屈服于它的要求的国家。我们也许从未想过这一点。它或是在越南或中美洲行径野蛮，或是维持希腊或阿根廷军方、皮诺切特（Pinochet）或马科斯等政权的残暴统治，直到他们因自身腐败而最终垮台。比如，新西兰因坚持原则而受到指责，阿基诺（Aquino）因未将"共产主义者"置于死地而受到诘难。这一切罄竹难书。而我们认识的美国人（他们在"美国人民"中只占很小一部分，但他们为自己的立场大声疾呼，有时或许还能影响事态的发展）在自己的土地上强烈谴责这一切。一旦他们走出国门，这一切似乎化为乌有；他们不仅记得自己国家的美好一面，而且忘记

了正在进行的伤害。批评的矛头直指他们自身，认为他们代表了这样一个国家，对于这种冒犯，他们也感到不满，这是情理之中——在澳大利亚这样的国家，这种冒犯往往是一种个人敌意，伪装成对世界政治的关心。而且，我认为，在他们的内心深处有一种感觉，即许许多多美国人从"憎恨"美国的陈词滥调中捞到很多好处，哪怕是无意识的；就像那些说他们"憎恨德国人"的人往往只是找到一个自己心中毫无意义的憎恨指向对象。这些都没有改变"美国"招致仇恨和批评的事实。我个人觉得，全球普遍意识到：每个国家都有自己的人民，一般来说，他们只是受困于出生为某国国籍的事实；他们能与世界上所有理性和同情产生共鸣，这是第一位的。否则，世界的敌意没有希望得到改变。国籍对他们来说具有偶然性，或者说与作为人类的一员相比是次要的。我相信，许多人都声称赞同这一观点，但真正付诸实践的人却少之又少。

即使是我，也能从对此类问题的少量阅读中看出日本民族主义的这些迹象。民族主义——部落主义——在全球范围内正可怕而迅速地螺旋上升。迄今为止，意大利仍未出现这种现象，那不勒斯也会对这种想法嗤之以鼻。正如莉莉 [10] 曾告诉我的，部分原因是最近有人试图在这里制造民族主义，结果令人震惊："我们消化不良……"

……

我们对您关于讲课和时间的言论深有感触。您说，"我真正想争取的是时间"。是的，不仅是写作的时间，还有留给心境和思考的时间，以及长久的、习惯性沉默的时间。

……

14 日，我们去威尼斯待几天，大约 11 月 23 日去纽约。当然，我们会关注您 1 月归来的消息，希望在此期间能收到您的消息。一如既往，致以深情厚谊。

雪莉

东京，1986 年 11 月 25 日

亲爱的雪莉：

非常感谢你 11 月 4 日的来信，我迫不及待想回信，但想到你除了和我通信外还有其他事要做，便克制住自己。

……

彼得·莫顿给我写了一封非常漂亮的信，信中说，我如此反感的那个节目的直接负责人已经讨论过我的信。我误导了你，说它是反美的。或者说，如果它仅仅只是反美节目，那现阶段也不会让我感到困扰。不，这个节目既不是反美，也不是亲苏，也不是任何类似的性质。日本左翼已对其昔日偶像不抱幻想，现在主要致力于攻击日本。这个国家当然有很多不对的地方，我想任何国家都是如此；但令我不快的不是攻击，而是捏造。我以农业为例，因为这最容易证明它在事实上就是错误的。但是，当把日本所有工会都描绘成受雇于雇主时，就很难证明事实并非如此。而当他们把真实放大到失真的程度时，为修辞效果而允许的夸张与赤裸裸的谎言之间就更难划清界限了。例如，存在仍受歧视的阶级，这是事实。没有人知道成因，但几百年来一直如此。我了解到这一点时很反感。可是，如果仅固守这一点，不明确指出近些年来，歧视的程度和种类已经大大减少，是不对的。现在，可能很大一部分日本人甚至尚未意识到该问题的存在，但广播的内容让人觉得日本似乎正在施行最恶劣的纳粹种族主义。

我举双手赞同你的观点。对一个人态度的影响，出生在特定国家不应该比出生在特定城市更大。没有人会仅因为出生在哪个城市就去迫害或诽谤他人。我为一家日本杂志撰写了一篇文章，文中我认为，人类的唯一希望是无根的世界主义，我选择了希特勒曾使用的这个词。[11]一本日语论文集将于1月出版，书名类似于"生活在两个祖国"。我希望这本书能让人耳目一新。

昨天我得到一个坏消息。邀请我去他大学任教的那不勒斯教授突发心脏病去世，年仅41岁。难以置信。之前我都没听说过他身体抱恙，一定很突然。我和他并不熟悉，但我们一起在罗马度过了愉快的半日时光。我想这意味着我将不会被邀请去那不勒斯，告诉我这一悲痛事件的朋友现在正等待他是否被热那亚（Genoa）大学聘为日本艺术教授的消息。他如果受聘，打算邀请我去那里。当然，在无人帮助的情况下前往意大利并非不可能，我想在1988年从哥伦比亚休假期间去那里。我必须想个办法，在你和弗朗西斯闲来无事之时，我才现身。我担心已占用了你们太多宝贵的时间。也许弗朗西斯偶遇过一名对日本着迷的17世纪修道士。不太可能。总之，如果你拒绝置身于我为你打造的"免打扰城堡"中，那也只有当我确信你真的需要休息时，才允许你出来。

……我现在正在读一本名为《最后的首席女高音》（*The Last Prima Donnas*）的大部头，作者是兰弗朗科·拉斯博尼（Lanfranco Rasponi）。读到关于战后伟大女中音歌唱家埃贝·斯蒂格纳利（Ebe Stignali）的章节时，我惊奇地发现她和我记忆中的另一位歌唱家玛丽亚·卡尼利亚（Maria Caniglia）一样，都曾在马耶拉圣彼得音乐学院（Conservatory of San Pietro di Maiella）接受过训练。毫无疑问，确实有这样一所音乐学院，但印象中，教堂的宁静很少被歌手或练习音阶的钢琴家打扰。

我预计会在1月10日之后回纽约。很高兴你和弗朗西斯会在那里。

唐纳德谨上

98

卡片，纽约，1986年12月1日

亲爱的唐纳德：

　　您的来信非常受欢迎，关于即时通信，您本人所表现出的深思熟虑的克制，在我这儿荡然无存，于是，给您寄去我今年第一份圣诞贺词，也许把它刻在万神庙的背面并无不当……您的同事在那不勒斯不幸离世，太令人震惊。人们意识到命所悬于的那一线之脆弱，仍要继续前行，仿佛达摩克利斯之剑与自己的日子无关，这都是些怎样悲痛的时刻啊！热那亚大学有后文的话，请告知我们——那里设有日本艺术系是多么有趣的事情。昨天，我们的朋友彼得·莫顿给我打电话，邀请我1988年（澳大利亚建国二百周年）访问澳大利亚。目前我还不能应允这一慷慨提议，因为今年我浪费的时间若以毫秒计，真是令人恐慌，新的一年里，我们又将重诉这一烦恼……

　　您应该已经看到了美国发生的事情——我想伊朗门事件是里根政府控制下无数此类令人震惊的事件之一。即使里根因此而蒙羞，就像尼克松那样，公众似乎未能从中汲取教训，只会继续选举下一个白痴或恶棍。

　　印象中我们一起去过音乐学院？——它就在那座宏伟的马耶拉圣彼得教堂隔壁，那里有一系列巨大的回廊，宗教机构早已转变为音乐机构。您难道不记得第一个回廊里的贝多芬坐像吗？人物表情痛苦，从修缮的脚手架上向外眺望。兰弗朗科·拉斯博尼（我想他可能几年前去世了）是一个奇特的例子——他真正热爱歌剧，也深谙其道，但他与别人在一起时，那荒谬的势利及对其血统、宫殿等的谈论，使他显得非常荒唐可笑……马耶拉圣彼得是那不勒斯音乐培训和学术研究的中心，那里还有一家值得一逛的乐器博物馆。

我们刚回来，文化上深受震撼，寒冷得为之一惊，不过和朋友们一起度过了一段美好时光。我们在意大利的几个月有太多值得回味的地方，11月中旬，我们在威尼斯度过了最为美好的一周。1月中旬再见面时，会有更多这样的美好。非常期待这次重聚——致以深情厚谊，献上我俩对圣诞节和新年最真挚的祝福。

雪莉

东京，1986 年 12 月 13 日

亲爱的雪莉：

你的圣诞卡片写得太好了。尽管我内心深处一个柔软的声音一直在悄声说，哪怕读信也会让你分心工作，我也忍不住要回信。

我很喜欢万神庙的照片，这让我想起了那次在你的带领下，旋风式地晨游于罗马。我忘了前面的方尖碑。要么是我记性不好，要么是我太不细心：我忘了马耶拉圣彼得教堂旁边音乐学院的贝多芬雕像。然而，我对教堂本身的记忆却绝对清晰。不，不清晰——在半昏暗的环境中怎么可能清晰？何况完全昏暗。长长的影子、牧师的声音、我们自己脚步的回声，都让人难以忘怀。也许（我试图为自己的记忆辩护）我们实际上并没有走进音乐学院……

从长远看，美国的情况令人震惊。也许离伊朗门事件发生的时间更近，情况会更糟。一想到"向伊朗人出售武器""将所得收益用于我们所承认的尼加拉瓜政权的敌对势力"，真是匪夷所思。也许真正参与其中的人认为这是一场游戏，绝对令人费解的行为会得到额外加分。里根的高支持率，甚至在那些深受其政策不利影响的人中间的支持率，同样令人费解。我想知道，是什么取代了自我利益？最奇怪的是，在一个拥有两亿人口的国家，竟不可能找到比里根更好的总统。

我现在正在阅读一些精彩的日记，这些日记是一个人 19 世纪五六十年代在北海道北部岛屿四处旅行时记录的。他对原住民阿伊努人

的描述，从某种程度上让人想起对美洲印第安人，或许还有澳洲原住民的描述。但令人着迷的是，这个人不遗余力地记录他所知道的日本人对阿伊努人不公正的每一个事例。那时的人所采取的视角，似乎在 20 世纪 60 年代或之后更为典型，这非同寻常。我想到了现在拍摄的一些电影中，印第安人是受害者，或许也是英雄。这个人的存在让我欣喜若狂，直到一个月前，我还不知道他的名字。

期待再次见到你和弗朗西斯……

唐纳德谨上

1987 年—1996 年

东京，1987 年 7 月 10 日

亲爱的雪莉：

　　距我们上次联系已相隔甚久！我常想写信给你，唯恐你的小说即将完结或者某个戏剧性时刻马上出现之时，我的来信打扰到你。我仍有这种感觉，知道你若非埋首重要工作，或者（打住念头！）受困于络绎不绝的访客，你会写信的。

　　对这封信的答复可以很简短。事实上，你时间允许的话，一个字亦足矣。我曾向你提过，去年我在纽约公共图书馆举办了三场讲座。今年春天，又在大都会博物馆作了一场讲座。哥伦比亚大学出版社的一位编辑听了其中一场或几场后，要求看手稿。现在我被告知（其原因我也是一头雾水），他们对这本书给予了特别优先考虑，并急于付梓。我欣慰之余也有点紧张。这本书并非什么惊世骇俗的新作，本质上是对日本传统文学不同方面的思考。……我想把这本书献给你和弗朗西斯。能否允许我这样做？（不消说，即使你欣然同意，你也并无义务阅读它！）

　　我的旅行计划尚不明确，预计将于 9 月 20 日前后前往巴黎，参加法国和美国东亚学者之间举行的会议。之后我可能会去比利时。那位日本朋友现在是比利时大使，他说会尽量安排我在鲁汶（Louvain）讲学。然后我将返回日本，因为那里约定了一个讲座，不能失约。之后于 10 月 12 日前后前往威尼斯，参加为期三天的会议。届时你若在意大利南部，有时间的话，我很乐意短暂拜访你。去欧洲还有两种可能，其一是

参观教授日本文化的各种机构，其二是参加即将在柏林前日本大使馆举行的会议。该使馆在被炸成废墟的四十年后，已重建为日本文化中心。最后，我辗转得知，米兰的朋友正在为我安排 3 月底在意大利的讲座。

对于我本应全身心投入完成历史学研究的当下，这无疑是密集的旅行。我不确定能否完成上述所有工作。

我可能已经告诉过你，我加入了一家新的日本文化研究所，正式成为一名日本公务员！我被这种可能性深深吸引，以至于没有停下来考虑这一新角色可能带来的不愉快。研究所的人都很和蔼可亲，但那些对每项规定和先例都了如指掌的政府官员们却让我后悔迈出了这一步。这只是一年的时间，希望我能经受住那么长时间的如坐针毡。

……

很期待收到你的回信，哪怕仅就献词回复一二。

唐纳德谨上

纽约，1987 年 8 月 22 日

亲爱的唐纳德：

昨天我们收到您的明信片，非常希望此刻您已经收到了我们的回复电报。能接受您的献词，我们荣幸之至且愉悦无比，只是希望能对得起这份殊荣。当然，我们还没有收到您寄到卡普里的信，真不明白为什么信没有"转寄"纽约。……现在，意大利邮政在 8 月份几乎关闭，美国邮政亦如此，且关闭范围日趋增加。无论如何，我们很高兴收到您的贺卡，只是抱歉对您这一最为友好举动的回复，让您久等了。

……

这个夏天，我们失去了很多——包括我们的那不勒斯朋友罗伯托·帕内，他在 7 月底突然去世。他已是 90 岁高龄，但精力充沛，满脑子都是工作和计划中的书卷。他的去世完全出乎意料。为了各种工作，他在 100 华氏度（约 37.8 摄氏度）的高温下交错往返于那不勒斯海湾，度过了极度劳累的一天后去世。他是令人敬畏、无可替代的。当然，他现在也备受媒体对他生前事迹的称颂。他的大量启示性著作构建了一座丰碑，而他的个性和品质也极为罕见——他无所畏惧、博学多才、精力旺盛、毫不虚伪。今年年初，在他 90 岁生日之际，他接受采访被问及所认为的最重要的品质，其回答是："连贯"，在意大利语中，该词意为"一致性"和"坚持不懈的完整性"（在我们自己的理解中也有"清晰"之意）。他还说，他毕生所致力的艺术和建筑事业，不仅限

107

于南意大利，从某种程度上说，是面向世界的，"我将捍卫人类过去的记忆，鞠躬尽瘁死而后已"。

……今年春夏，我们度过了许多美好时光。尽管七八月份是大西洋两岸尤为炎热的月份，但卡普里从来不会酷热难耐。清凉的夜晚，海水环绕。即使在波西利波（Posillipo），太阳下山时我们也能感到凉爽，但纽约的天气却相当无情。

……

我正在创作的小说中的一个短篇，描写了当年不知名的香港，几周前见刊于《纽约客》。这是小说次要情节的一部分，却是一个相当连贯的短篇故事。见面时，如果可以，我要给您一份复印件，我很想知道您对东方生活的这种表现方式有何感想。我也忍住不问更多的"日本"问题。我的主人公们即将离开日本前往西洋，相信他们的命运将在那里得到答案，也许听到这个消息您会感到欣慰。

……把这封信寄出去，至少能让您尽快收到书面感谢。好奇您将献给弗朗西斯和雪莉的作品是什么。抛却华丽的辞藻，我们可以称作不值一提但对您满怀钦佩的朋友。

雪莉

卡普里，1987年11月4日

亲爱的唐纳德：

　　与您联系，告知我们的近况，希望您一切安好，旅行愉快，收获满满。从您那儿得知，您正前往低地国家，但来不及向日本发送消息。我们没有您在欧洲的地址，希望您在第一次或第二次旅行时能来个电话。……意大利的秋天有点冷清，天气变化很快，起初非常炎热，之后风和日丽，几天的狂风暴雨又将这一切扫荡殆尽。今天，在屈拉蒙塔那风的作用下，是空气寒冷的第一天。卡普里的空气清冽，让人触碰到某种旧时光。"尖锐而不稳定的阵风此起彼伏地呼啸着"，傍晚时分，"天上的星星看起来非常清冷"。然而，今天我们和另外一桌人在天然拱门的户外共进午餐，我没有穿长裤（整个秋天都没怎么穿），毛衣只是搭在肩上。岛上一片寂静，空旷无比。

　　这让我想起上周在罗马，我们去了济慈的墓地，它位于风景优美的新教公墓（Cimitero Acattolico），旁边是塞斯提伍斯金字塔（the pyramid of Caius Cestius）……一个天堂般的地方，让人重新认识墓地及其寓意。埋葬济慈的一角尤其可爱。有一天，一个可能是美国人的年轻人带着一本书［我想是《中世纪的衰落》（*The Waning of the Middle Ages*）］来到这里，坐在墓地附近的长椅上晒太阳，他告诉我们他经常来这里阅读。前一天上午，我们在树林圣安德肋圣殿（Sant' Andrea delle Fratte）的回廊（西班牙广场附近的那片橘子林，游客不多）里读了一会儿书。坐着的时候，先是听到一个男声在附近唱咏叹调，然后是一个女高音。显然是"现场演唱"，因为他们犹豫了一下，同一个乐句又唱了一遍，如此反复。推开一扇门，我们发现里面正在上歌唱课——一架钢琴、一位老师、一个美丽的意大利姑娘和一个相貌清秀、年纪轻轻的东方男高音。我们深受吸引，于是走了进去。我们就是这样做的，此后也这么做过。在这片土地上，总会有一些充满人情味的类似经历。

除了对实际工作的抱怨，我还在努力完成《不列颠百科全书》中关于那不勒斯的文章……幸运的是，芝加哥总部与我通话打交道的人非常礼貌，尽管他对于改变条件爱莫能助，我抱怨空间不足、缺少地图（荒谬！），我还说之前那篇关于那不勒斯的文章，虽是旧版，但版本很好，文章很长，也很出色，他对我的抱怨与意见表示理解。由于"那不勒斯"在《百科全书》中位于拿破仑和南京之间，他们不可能删掉任何相邻的页码——然而，仅适当的参考书目就该占去他们分配给我的一半篇幅。

我们考虑下周去锡耶纳，这对我一直很重要，我们去参观中世纪晚期至文艺复兴时期的一个木雕展，非常精美。之后就可以启程了。邻居家的房子已经有了很大改观，但房东仍永不停歇地在翻新，令人不胜其烦。这个季节，那里的大海美得无法言喻；现在可以看到维苏威火山全貌，因为我们说服隔壁罗斯贝里别墅（Villa Roseberry）的树木修整专家，移走了一棵生病的冬青（我们早就看它不顺眼）还有一些杂草丛生的针叶树，它们挡住了视线。

现在，期待在纽约见到您，希望您的"额外"来访能定下来。……听您讲讲在欧洲的访问见闻以及威尼斯之行进展如何，甚是欢喜。就在一年前，我们去过那里，美妙之旅，恍若眼前。

祝您工作顺利，万事如意，致以我俩的深情厚谊。

雪莉

110

东京，1987 年 11 月 7 日

亲爱的雪莉：

似乎很久没有你的消息……

9 月至 10 月，我两次访问欧洲。这让我筋疲力尽，尤其是上周乘坐从巴黎飞往东京的航班，我现在才缓过来。但这是值得的！第一个场合，来自法国和美国（还有一些其他国家）的东方学家齐聚一堂。会议主题是欧洲和美国的东亚学者之间加强合作的可能性。我赞成合作，尤其这意味着一次巴黎之行，但我仍然坚持老式观念，即学术研究是一个完全自主完成的过程，尽可能减少干扰（或合作）。我显然是少数派。

第二段旅行缘起于在威尼斯举行的名为"反思日本"的会议。我不确定会议进行了多少反思，但威尼斯令人赞叹，其他人也非常友善。最美妙的是我第一次在威尼斯凤凰剧院（La Fenice）欣赏歌剧——贝里尼（Bellini）的《滕达的贝亚特里切》（*Beatrice di Tenda*）。虽然我有萨瑟兰（Sutherland）的唱片，但此前从未看过这部歌剧。剧院很华丽，演出很精彩。我们应邀参加了在圣洛克大会堂（Scuoladi San Rocco）举行的室内音乐会。在如此壮观的环境中聆听音乐，效果可想而知。

昨天接到一个电话，似乎要邀请我 4 月份前往意大利。我的行程中有十天在那不勒斯，此外在罗马、米兰或许还有其他地方要作讲座。听

起来安排合理。如若届时你和弗朗西斯也在意大利，无疑会让那个月更完满。

……

向你和弗朗西斯问好。

唐纳德谨上

纽约，1988年2月4日

亲爱的唐纳德：

非常感谢您深受欢迎的来信。

……

能否再向您请教几个占领（日本）时期的问题？我好像曾告诉过您，1947年，我参观过澳大利亚和英国占领军在吴市（Kure）附近伊田岛（Ita Jima）上的军事医院。不过，我想，在东京有一个庞大的美军中心占领区？您能告诉我美军（部队及其家属）的主要医院在哪里？它以前是否曾是日本人的医院？（如果我没搞错的话，在伊田岛，那个医院的前身是海军学院？）美军的医院会在东京什么地方（如果主要医院是在东京的话）？您还记得它是否享有盛誉？它收治过日本病人吗？比如说，可能为美军工作的日本人。（不过，最后一个问题并不重要。）

在那个时代，我们（至少）需要美军的通行证才能乘坐火车。我不记得从东京到吴市的火车行程有多长。您能大概估计一下吗？国内有多条航线，这些航线当然也在麦克阿瑟的控制之下。我不记得吴市和东京之间是否有航班。

最后一个问题（我相信就剩这个）：有什么英文图书馆为占领军服务？我对此一无所知，但现在我想知道，为了写作，我想了解是否为占领军设立了某个中心图书馆，或者在占领军驻地是否分散设立了小型图书馆服务？会有这种好事吗？那个时候，像您这样的学者是否可以（即不受约束）使用日本图书馆？

　　请原谅我提出的这些麻烦的问题，如果看起来太复杂，请忽略。希望这些问题无须初步调查，即根据您的记忆就能轻易得到答案。关于旅行的问题要是麻烦的话，也请忽略。这些问题在我小说有关"日本"的章节（仅三章）中只占很少的篇幅。然而，您最了解我了，您知道我多么想把这些事做得尽善尽美。

　　愿您玩得开心，工作愉快，平安归来。我们 16 日以后会在纽约给您电话，同时致以我俩的亲切问候。

　　　　　　　　　　　　　　　　　　　　　　雪莉

东京，1988年3月23日

亲爱的雪莉：

……

再次见到你和弗朗西斯，真的非常高兴。当然，我经常想起你们，特别是再次见面愈加让我察觉你们的友谊对我弥足珍贵。多年来，我一直认为，我一旦到了大学退休年龄，就会去日本，再也不回来了！

我一如往常忙忙碌碌。两周前，来自多国的日本学者举行了一次大型聚会。克洛德·列维-斯特劳斯（Claude Levi-Strauss）致开幕词。他的活力和研究日本文化的意愿给我留下了深刻印象，尽管日本文化几乎方方面面都与他之前的研究大相径庭。当然，他并不自诩为日本专家，但他显然阅读过现有的翻译作品。当天晚些时候，我就世界中的日本文学发言。通常，日本人在讨论这个话题时，只局限于列举日本文学作品的外国译本，而我试图说明的是，日本作家一直"在世界中"，即使未被翻译，他们也在一定程度上接受外国文学并受其影响。近来，日本民族主义似乎重新抬头，受到了广泛关注，然而，日本人多个世纪以来一直处于中华文明的轨迹中，19世纪又在西方文明的体系下默默无闻，他们的世界主义或被忽视或被讥讽为"模仿"。我借此机会表达了对小泉八云（Lafcadio Hearn）的日益失望。小泉八云在西方已不再受重视，但在日本却备受推崇。他的日语名字广为人知，人们甚至还为他修建了一座神社，这意味着他被纳入日本众神中。我赞同这一世界主义的范例，但无法认可他坚持认为日本人受西方文明的影响之前更为优秀。我越来越相信,"无根的世界主义"(经常被攻击,鲜少受辩护)是避免疯狂民族主义的唯一出路。

我将于4月4日启程前往意大利。我要求入住怡东酒店,他们同意了!虽然要我自掏腰包,但没关系——我本来就没指望能挣到钱。令人不快的是,那不勒斯大学东方学院的人强烈要求我每天讲两小时,周六、周日除外。只有一场讲座是面向公众(在一个电影院里!),但每天两小时的授课时间比我以往的任务都重。我本想让他们给减点负,但他们之所以渴望授课,肯定是因为已有些年头没人教日本文学了。也许他们真的希望我教他们,这个念头让我受宠若惊。无论如何,这将是一次全新的体验。所要求的讲座其非同寻常的学术性质也令我惊讶——"日本文学史的研究视角"。

毫无疑问,一切在实践中远比预期令人愉快。日本和意大利之间通信速度慢得令人抓狂,这让协商变得不可能,但我相信意大利人会让我在这里度过愉快时光。

从纽约返程的飞机上(以及之后),我阅读了《雪莉》。我间或会觉得这是最好的英文小说之一,但我一直希冀(可惜徒劳)小说能有一些宏大的进展,让人物鲜活起来。小说主题引人入胜,在那个社会,好的婚姻成为妇女获取幸福的唯一手段,小说生动地表现了身处其中妇女的无望。小说对引进纺纱机造成动荡不安的描写非常到位,相形之下,同时期大多数小说似乎与现实世界脱节。但是,我们很难同情这位无情追捕心怀不满的员工的工厂主,而这种幽默又如此令人费解,让人真渴望来一场灾难缩短这场闹剧!不过,毫无疑问,多亏日本文学,我发现自己对过去的女性小说家越来越感兴趣。比起狄更斯、特罗洛普等人,我真的宁愿读勃朗特姐妹的作品。

祝你和弗朗西斯一切顺利。

唐纳德谨上

明信片，卡普里，1988 年 5 月 27 日

亲爱的唐纳德：

    非常感谢您的问候——您参观了圣克利门蒂（San Clemente）和四殉道堂（SS Quattro Coronati），以及意大利许多其他地方，真是太好了。我们只是遗憾在这里很少见到您。我们在博洛尼亚的逗留非常愉快，那是一座多么壮丽的城市！据我所知，它是在过去的二十年里，唯一真正变得更好的大城市（体现在公民责任、保护状况、治理交通拥堵等方面）。这里，风景优美，气候宜人。此外，还在圣卡洛欣赏了两场令人难忘的波利尼（Pollini）独奏音乐会（其中一场是室内乐，清一色勃拉姆斯作品）。我们都很幸运。相信您尤其是健康方面，一切皆好。致以我俩最真挚的情谊。

雪莉

卡普里，1988 年 6 月 16 日

亲爱的唐纳德：

今天收到您美好的来信和照片，非常感谢。我们坐在靠近缆车的酒吧里（这是一家咖啡馆，景致很美，在广场热闹非凡的早晨，尤其令人心旷神怡），读着信，通过意念给您电传了很多信息。

……

您说要在威尼斯度过半年时光，这种可能性对您来说是可以自主选择的吗？嗯，威尼斯是一个美与幸存的奇迹。我确信，一个人可能会穷尽它的"新奇"，但那需要若干年的时间；而伟大的事物只会历久弥新。或许是一种禁锢感，以及（除了大海）自然之物的缺乏，让我踌躇是否要在那里度过漫长的时光，但待上两三个月会很美妙。您知道吗，芬达门塔·努沃威（Fondamenta Nuove）的圣母教堂，非常漂亮，挂满了伟大的画作。它是由威尼斯的英国朋友修复的，资金由约翰·波普·亨尼斯筹集，工程由他指挥。离它几步之遥的地方，一座可爱的老宫殿被改建成一家迷人而正宗的酒店，即麦当娜德奥拓钟楼酒店（Al Campanile Madonna dell'Orto）。酒店后面有一个真正的花园，对于威尼斯来说面积很大，树木葱茏。酒店距市中心较远，短期逗留的话可能有些麻烦。但我们一直在想，也许可以待上三周，第一周住在更近的圣马可区，剩下的时间住在威尼斯最有意思的地方——说到底，即按照卡普里的标准，从比较熟悉的景点短暂步行可达，且能穿行于坎波德莫里（Campo dei

Mori）等令人愉悦的风景中……

千言万语，亦可汇成一个词"美不胜收"。6月的卡普里，天气晴朗，宁静祥和。只在周六、周日，宁静会被打破，那时，除了我俩，人们都涌去海边，直到傍晚才回来。

您没有谈及健康状况，希望能由此推断您一切都好吧？但愿如此，也希望您的工作和生活充实、愉快。致以我俩的深情厚谊。

雪莉

东京，1988 年 7 月 6 日

亲爱的雪莉：

　　在信箱里发现你的来信总是一件令人高兴的事，打开信之前一阵欢快的喇叭声响起，华丽的邮票上，圣卡洛剧院和位于萨莱诺的朱塞佩·威尔第广场（Piazza Giuseppe Verdi）赫然在目，这真是一个特别的时刻。我从 17 岁起就不再集邮，但仍能感受到邮票的魅力。

　　……

　　4 月份，威尼斯大学的一位教授建议我在那里长期待着，但至今我没有收到任何消息。那时，我走在宁静的街道上，街道闪烁的不是霓虹灯，而是挂在各处并不显眼的灯笼，我已经做好了在威尼斯度过余生的准备。（如果被邀请的话）我可能还是希望在那里待上几个月，但目前最想做的事是完成日本文学史的撰写，可惜进展太慢。阅读 11 世纪的文本，面对那些无益的注释，它们不是揭示段落的含义，而是，比如说，标注引文的出处。我常感到自己的工作已达到极限，但你可以想象，这也给我带来了极大的乐趣。

　　我几乎有一抽屉的意大利明信片。见识了这么多美好的地方，你功不可没。我肯定给你写过从怡东酒店到圣母圣衣堂（Santa Maria del Carmine）的徒步经历。沿着海岸线行走的这段路，与其说令人愉快，不如说令人心惊胆战（汽车乱停乱放，人们无法在人行道上行走，只能在马路上碰运气），不过历经千辛，抵达时心情更为激动。真是一座宏伟的教堂！后来，我买了一些以马萨尼洛的反叛为主题的明信片，背景就有这座教堂。我正试着从歌剧剧本中零星学习一些意大利语词汇。当然，我已经知道所有关于复仇、匕首、热恋、可鄙的怪物以及歌剧中其他典型元素的词汇，但我现在会说"抱怨"和"取笑"了，这两个词均出自新近发现的罗西尼那部迷人的歌剧——《兰斯之旅》（*Il Viaggio a Reims*）的第一幕。可说不好什么时候我想抱怨或取笑某人，所以我会珍惜这些新的收获。

希望你的工作一切顺利。一如既往，向你和弗朗西斯问好。

唐纳德谨上

我是否写信说过，我读了莱昂·埃德尔（Leon Edel）写的亨利·詹姆斯传？它给我留下了深刻的印象。尽管近来许多传记都有写成小说的倾向，但这确是一本传记。

明信片，纽约，1988年8月21日

亲爱的唐纳德：

昨天收到您的明信片后，匆忙间写了以下文字。感谢您的留言和关心。有点惊讶的是，您显然还没有收到至少六周前我从意大利寄出的一封信，那是在我们离开那不勒斯去濒亚得里亚海（Adriatic）的法诺（Fano）探望朋友前寄的（从法诺出发，之后去了罗马和纽约）。我们发现，那不勒斯邮局夏天会放假，也许信会寄到的。但很遗憾没有收到您的只言片语。是的，我俩现在沉浸于工作中，这无疑是沉浸的好方式。从我们回来之日起，城里就热得要命，其残酷的预示性真的非比寻常，（几近）有趣。这没日没夜、不期而至的梦魇，之前未得改观，直至最近两三天，才消散殆尽。

很高兴想到您也有一座火山——一座冒烟的火山……

美国劳动节过后，我们很快会回到意大利。致以我们亲切的问候，祝您工作顺利。

雪莉

东京，1988 年 8 月 30 日

亲爱的雪莉：

    收到你的来信和有趣的附文，心里踏实多了。不，我没有收到你之前的来信。奇怪的是，尽管有充分的证据表明邮政系统靠不住，人们总是信赖不同国家的邮政系统。人们假定，尽职尽责地在信封上贴好邮票后，将其送入指定的邮筒中，信件就一定会到达目的地。也许在邮政服务的黄金时代，此种想法也曾是对的。不过，我却一而再地经历过这样的情况：我知道有一封信寄给了我，却从未收到过。然而，我的信念颠扑不破，所以每当有证据表明又一封信掉入"死信办公室"的无底深渊时，我都会重新感知世界之无常。正如日本人常说的，"泪满衫袖"。

    你在信中提到（就是我收到的那封）你会在纽约待到劳动节之后。虽难以启齿，但我还是想知道具体是到什么时候。之所以对美国历史有关劳动节的情况起了兴趣，是因为我献给你和弗朗西斯的那本书将于 9 月中旬完成。这本书主要涉及九百年前的事件，显然无须匆忙寄送，只是我希望能告诉哥伦比亚大学出版社该把书寄往何处。如果你在纽约逗留至具体某一天，他们可能会通过特别信使寄送一本，以挫败当地邮局种种不合理的机制……

    明年 11 月，我有可能去罗马大学任教。该大学与哥伦比亚大学有某种交流协议，他们问我能否在那里讲学三周左右。印象中我告诉过

你，在三个半小时的时间里，我在那里作过两场讲座，每场讲座一个半小时！

目前，我正在翻阅我那本关于日本日记的书的手稿副本。[1] 这本书将由霍尔特出版社（Holt）在纽约出版，该出版社出版过我的几卷有关历史的书籍。文字编辑的意见让我非常气馁、沮丧。她对日本一无所知，这一点她很坦然地承认，而她的询问（作为无知公众的一员）有时直击要害。但给我的印象是，她并不理解我一直在努力做什么。通过日记，我找寻过去的日本人，他们仍可以与我们对话。就我而言，一篇日记写得好与坏并不重要，只要它有一些内容能激发我对此进行评论，从而发现其中具有永恒意义的东西。但是，若我坦言某篇日记并非文学杰作，文字编辑就会抓住这点，敦促我删除它。按照她的标准，任何似乎不那么真实的日记注定要湮没无音。我会反抗，但毫无疑问，最终多多少少都会有所妥协，这是出书过程一个令人不快的开始。

另一个问题来自她的担心，如果我提到某部作品的风格明显偏男性或女性，她就会严厉警告我，说这会让我陷入性别歧视的指控。不管我是赞扬女性的作品，还是评论男性的日记写得不如女性的好，只要我胆敢提男性或女性这两个词，就有可能遭到恶意攻击。目前，我想我宁愿被攻击，也不愿改变在我看来是合法处理这些材料的方式，不过，出版商无疑害怕狂轰滥炸。

读了你上一封信（几个月前的那封）后，我决定要再读读狄更斯。终于，我付诸行动，读了《艰难时世》（*Hard Times*）。我觉得，比起以前读过的狄更斯小说，我更喜欢这部。我总是难以理解他的诙谐，也记不太清人物的名字。但这部作品的功底如此扎实，我的颇多微词随之烟消云散。

> 一如既往的，
> 唐纳德

卡普里，1988 年 10 月 17 日

亲爱的唐纳德：

　　请原谅我们不期而至的电话——我们从波西塔诺（Positano）附近雅致的酒店打来，我们刚住几天，参加了骑士[2]女儿的婚礼。这是一场最令人愉快的盛会，是最完美、最极致的意大利式婚礼，它将完美简洁、轻松热烈、精美绝伦、欢声笑语、兴味益然及恰到好处的庄重融为一体。庆祝活动的高潮是一首连埃拉（Ella）都意想不到的祝婚诗，由卡洛（Carlo）[3]在没有音符的情况下发布。他几天前创作了这首迷人的诗歌，由于诗歌篇幅不短，他精神饱满地朗诵了好几分钟，让我想起了梅塔斯塔西奥（Metastasio）。美丽炎热的天气、壮丽的海岸，我们坐在圣彼得（San Pietro）餐厅享用午餐，周围鲜花盛开……好吧，现在您大概已经身临其境了。

　　这个场合对我们来说意义非凡，因为在这之前我们刚收到您那本精彩的书，书中的献词令人感动，也让我们自豪幸福。书是由接我们去波西塔诺参加婚礼的司机从我们波西利波住处的门房那儿带来的。我们犹豫过是否要带上它，但最终认为它在行李箱中会东碰西撞，真是自讨苦吃。现在想来，我们一定是疯了，因为我俩都很想把它拿在手里读一读——更别提要把献词读上好些遍。弗朗西斯说，这种情况下，（每当弗朗西斯在报刊发表文章时）他感受到父亲那个亘古不变的问题的审视："你做了什么可以配得上这份荣誉？"我们感受到了真正意义上的荣

誉——友谊是一个人所能拥有的最好荣誉；将自己最美好的情感与优秀的作品结合在一起，会触及心灵。谢谢您，亲爱的唐纳德，我们发自内心感谢您。我们在纽约再次相聚时，希望能"庆祝"这本书及其与我们的关联。随书寄来的，是哥伦比亚大学出版社珍妮弗·克鲁（Jennifer Crewe，肯定是个英文名字吧？）一封亲切的信，我们打算回信表示感谢。空运花了三周多时间。至于你我的信，我就不在此赘述它们在邮政的冒险经历，尽管我也想知道，我7月份的信是否还有机会重见天日。我确实觉得一封信凭空消失很不寻常，以前也遇到过一两次这种情况。然而，意大利的夏季邮件非常奇怪，人们会听说一些心怀不满的邮递员将信件扔进垃圾堆等。（在联合国，一位档案员——不是我本人——多年来一直把本应他归档的信件全部扔掉。无人知晓，他只是轻率地将自己的"方法"吐露给同事，才被发现。）

……

意大利的机构堪比魔鬼，提出建议后就没了动静。然而，去年4月我们应邀参加在博洛尼亚举行的"会议"，促成我们在艾米利亚（Emilian）的愉快逗留，会议已经疯狂邀请哈扎德"女教授"在这个有时会上当受骗的国家进行"演讲"——不仅是英语意义的"上当受骗"，如果我接受这些草率的建议，就会是意大利语意义上的"失望透顶"。上周，我确实在皮尼亚泰利别墅（Villa Pignatelli）举行的一次相当精彩的聚会上作了简短的发言（您和我曾在那里参观过一个17世纪画家的展览）：这是一个纪念罗伯托·帕内的"会议"，非常感人。原因是，首先，主题具有几乎令人难以置信的多样性，全都是他所涉猎的；其次，他的一些"敌人"（如今，几乎每一个在学术或文化界担任要职的那不勒斯人，只要有身份，都曾是帕内的大学学生。在他看来，他们通过担任博物馆馆长等职务，加入了令人憎恶的机构，他后来对他们提出劝诫）发表了关于他的感人演说。当然，也有许多人设法与这位令人敬畏的人物保持良好关系，那些敬爱他的人也包括我们。一位佛罗伦萨教授作了精彩演讲，生动地介绍了帕内，以及他惊世骇俗又充满灵感的论断和无所畏惧的宣言。（一位现代建筑师的作品是纽约人所熟悉的昂贵的蜂窝状公寓楼和高层建筑，他被誉为天才，帕内说："是的，在顶层重建'bassi'需要天才。"bassi 指的是成千上万的那不勒斯人在街道上住的隔间，比如斯帕卡那波利街。帕内还被引述以反对专业化，例如，完全专注于一个画家的作品等，他曾说过，这种专业化更像要唤起一条训练有素的狗，而不是一个有成就感的人。）应邀发言时，我曾说过我希望成为简短发言的嘉宾之一（每人不超过十五分钟）。我遵守了约定，但其他大多数人滔滔不绝，他们夸夸其谈时，甚至对敲响的小警钟也置若罔闻。意大利人确实偏爱这种马拉松式的演讲，而对我们来说如同噩梦。不过，这场关于帕内的大会非常特别，精彩纷呈。他的存在和"嘲讽"显然使大会充满活力；有时，人们觉得他的炸雷可能会从天而降，比如（那不勒斯）市长现在要对这个古城中心提出骇人听闻的建议，他利用这个机会大谈美妙的"发展"。然而，接下来的几位发言者将这一主题彻底粉碎。（不过，这依然是一个可怕的威胁。古城中心是那不勒斯中部最后的核心，投机者们可以在这里大赚特赚。我们现在已经知道，只要有充足的资金，没有官员道德，"城市发展"的一切最疯狂的幻想都可以实现。我认为，子孙后代会将纽约市的科赫-特朗普时代视为房地产残酷无情开发新阶段的始作俑者，我们似乎永远套上这一沉重的枷锁。）

请原谅我的啰唆。其他活动：那不勒斯关于皇帝腓特烈三世第 99 次"会议"，在新堡（Castel Nuovo）为修复的文艺复兴时期雕塑拱门"揭幕"将活动推向高潮。

晚宴非常精彩，品位很高。意大利总统科西加（Cossiga）出席仪式，但像意大利总统惯常表现的那样，他一言不发。作为总统，这样做显然有其好处，但这一传统确实使他比以往任何时候都更像一个偶像，尽管不是一个特别有吸引力的偶像。我们在罗马待了几天，在一座深受爱戴的教堂下面的发掘现场攀爬，发现了与加利亚尼（Galiani）有关的非同寻常的东西。……现在，还有很多工作要做，毫无疑问收获了新的体验。谢天谢地，那些言过其实的"发言"邀请中，有一个诱人的提议是让我1月份从纽约去佛罗伦萨，参加佛罗伦萨大学的另一个"会议"。但是，如果我不留在纽约过冬，尤其是现在必须完成小说，那我什么时候才能工作呢？此外，我实在穷尽了"演讲"，希望再也不要"发言"了。"我们"总统候选人的发言令人沮丧，不是吗？我们会登记对杜卡基斯（Dukakis）的缺席投票，如果民主党奇迹般地获胜，我们会"感到高兴"。但是，这种水平是可耻的，广大民众对这种低水平领导人寄予期待也是令人震惊的，与此同时，世界变革的主动权"突然"转移到了苏联人手中，他们为摆脱庞大僵化的体制束缚所作出的努力提供了现代成人的政治兴趣（尽管《纽约时报》一谈及俄罗斯可能出现的任何改善就痛苦万分）。

……我想知道，在日本，您是否能逃避圣诞节？圣诞节有一种本事，能让任何对它唯恐避之不及的人，逃都逃不掉。我记得比如在摩洛哥度过的圣诞节，那里"圣诞快乐"（Joyeux Noël）就躲不掉。说到狄更斯，几年前，我非常应景，鼓足勇气读了《圣诞颂歌》（*A Christmas Carol*），读到一半，发现自己的衣袖被泪水打湿了。是的，如您所说，他惊世骇俗，但他的天才不就在于此吗？《大卫·科波菲尔》《我们共同的朋友》《双城记》，还有在我看来是超人作品的《远大前程》。当然，小说刻画了深刻的人性，精彩！《艰难时世》对我特别有吸引力。哦，葛擂硬（Mr. Gradgrind）！他是怎样的存在，具有何等的胆量。正如您所说，这些名字无可救药地让人搞不清，然而狄更斯所取的名字，同帕特里克·怀特笔下的名字一样，与人物的生活似乎息息相关。在现实生活中，有些名字的贴切程度令人咋舌——事实上，有一种现象叫作"名字与预兆"（比如戴高乐或者鲁伯特·默德斯通·默多克）。

……

是的，埃德尔通过对詹姆斯的研究实现了自我价值。我认为他的这部作品在许多方面更趋成熟，他最近的其他著作，例如关于布卢姆斯伯里团体（Bloomsbury）的著作，尚未得到充分的重视。学术界对他有一种偏见，我猜，这是出于对他近四十年前就"掌握"了詹姆斯的不满，当时很少有人有兴趣如此深入了解詹姆斯，从那时起，他就一直主持"这一领域"的工作，没有经由惯常的学术据点，没有得到特里林（Trilling）等人的认可，而是秉持属于自己的全新、非庸俗的态度。（就我而言，如果能在前几卷中减少一点对詹姆斯的推崇，那将更受欢迎，因为我认为它淡化了詹姆斯的某些难以理解及难以接受的方面，也许将他抬高得有些超出了其应有的地位。当然，我知道这一观点目前与主流观点背道而驰。）

弗朗西斯非常感谢您寄来的马克西姆·迪康（Maxim Ducamp）明信片。马克西姆和古斯塔夫（Gustave）这对"默特和杰夫"组合在他们的埃及之旅中形成多么完美的对比——记者与艺术家；他们的作品又是多么忠实地描绘了这一点。

期待着您歌剧式的意大利语。就我自己而言，我最初因为莱奥帕尔迪的诗歌而对意大利语产生兴趣；随后，通过阅读其他众多诗人，对意大利语的一种珍视之感油然而生，我对意大利语的感觉仍然以此为中心。然而，我承认，有一段时间，背诵不规则动词、与可怕的从句打交道等，成了无可回避的任务，它们是"交流"的必经之痛，更不用说到会话阶段。对您来说，掌握日语后，一切似乎易如反掌。但是，这一切还将持续下去……

弗朗西斯说，想想唐纳德在日本，见证天皇遭受的"磨难"（磨难也许不是神道的概念），从字面意思，准确地说，天皇正缠绵病榻。这位皇室人物与我们相伴如此之久，这将是一次离别的经历。在我的记忆中，他从未离开，但总是虚幻，几乎是隐形的。即使是澳大利亚的漫画家，在战争期间也不知道该如何将裕仁作为宿敌。他们只能选择东条英机，在那个尚未自觉的种族主义年代，东条英机的牙齿被无限放大，眼睛眯成一条缝。（现在我们有了自觉的种族主义，我几乎不知道该"偏爱"哪一种。）我的童年中，有一些显然不朽的"长者"——萧伯纳、爱因斯坦、威尔斯、罗素、丘吉尔、史末资、甘地、比彻姆……这些人似乎会伴随我们一生。

……

我们对您最后命名的《日本文学之趣》及其珍贵的献词表示最衷心的感谢——致以我俩最友爱的祝愿。

雪莉

东京，1988 年 11 月 22 日

亲爱的雪莉、弗朗西斯：

非常感谢你们的来信。相信这是我第一次这么晚才回信。但我想，听我讲述残酷的内情后，你们会同意，事出有因。出于无法解释的原因，我将在六天内完成四场主题毫不相关的演讲。今天，第一场讲座进行得很顺利，所以我觉得可以享受给你们写信的乐趣，而非面对"日本文学中的女性"或"19 世纪 70 年代日本人对欧洲艺术的印象"。

首先，很高兴你们喜欢我献给你们的书。幸运的是，它看起来不像大学出版社出的书；实际上，它是我出版过的书中最引人入胜的一本。1953 年，我还在剑桥大学读书时写过一本类似的书。35 年过去了，希望我对日本文学已有所了解！令我惊讶的是，那本书在英国早已绝版，但它仍在发挥其原本的作用，即面向对日本文学一无所知的人介绍日本文学。今年年初，该书的现代希腊文译本问世，我还签订了罗马尼亚文译本的合同。日本文学的普及在巴尔干地区的发展缓慢。

……

我满心欢喜读了《加利亚尼神父》。读毕，我在《大英百科全书》中查找他的资料，看他是否出现过。确有其人（或者说曾有过他的信息，因为编者一直在删人），但在介绍此人的两段文字中，却没有提及弗朗西斯文章中那些有趣之处。我期待阅读整本书。

这次在日本的长时间逗留接近尾声。收获远不如期望的那么多，不

过对我而言，不足为奇。去各地作讲座是一个因素。阅读旧文献也比预期的要更耗时。还有数周时间需花费在日记手稿上。不过，还是取得了进展，对此我心存感激。我将于 1 月 12 日返回纽约。

　　……

　　经历了阴雨绵绵的夏季和同样雨水不断的 9 月，终于迎来了美妙的天气。我甚至还买了一台加湿器，这在日本闻所未闻，因为在日本，人们在谈话中很少会绝口不提湿度。天气越来越冷。希望天气变得严寒，这样，我回到纽约就会少些痛苦。不过，即使在肯尼迪机场等待我的依旧是寒风刺骨，我也知道我们会有一个温暖的团聚。

一如既往的，

唐纳德

东京，1989 年 8 月 4 日

亲爱的雪莉：

似乎很久没有你的消息了。希望杳无音信意味着你和弗朗西斯忙于写书而无暇写信，却又担心这不过意味着又一封信在邮局被新机器给销毁了。我曾收到一封信，它被一台机器撕开，又被另一台机器封上口。在这个过程中，原信之外，还塞入了一沓寄给新泽西某人的西尔斯·罗巴克（Sears Roebuck）公司的收据……

我一直在努力学习日本文学史。每天都为手稿增添一些内容，这种感觉很好。我能够把主要精力投入工作中，而不是撰写琐碎的文章或再发表一次关于日本之于世界的演讲，我担心自己会就此变得比较唠叨。我现在正研究 13 世纪早期的诗歌。我决定尝试将这些诗歌翻译成原文形式，尽管原文的韵律难以驾驭。有时候，英语语言似乎决意不让我进行这种尝试，但经过反复雕琢，我一般能用七个音节写出诗行。几周前，我有一个重大发现。许多英语童谣的开头都是七个音节的句子，而这在其他诗歌中并不常见。杰克吉尔上山去；杰克灵活又敏捷；玛丽有只小羊羔。我不确定这究竟意味着什么。

这是一个多事之夏。发生了一场相当严重的地震，震中就在海岸边的小镇上，我在那里有一处小居所。我没有遭受任何损失，但有些人几乎失去了所有的瓷器。最糟糕的是，据证实，海中刚刚诞生了一座新火山，人们随意揣测，它或附近的另一座火山很快就会喷发。这一切让我想起你好心为我抄写的那份普林尼关于庞贝城的信。这是怎样的心路历程！不知怎的，我对火山不像对战争那样认真。地震发生时我不在现场，不过，前一天晚上我在，当时发生了较小但令人不安的震动。我们还遭遇了常见的台风。日本人为何对他们的气候如此满意，实在令人费解。

我在这里获奖的有关日本日记一书的英文版于 7 月出版。我自然要求给你和弗朗西斯寄去一本……

希望纽约不会像去年那样酷热难耐。现在正值酷暑，至少与上周经历的暴雨相比，我还是挺喜欢这样的天气。自孟买以来，我从未见过这样的雨。

你关于瓦尔德海姆的文章什么时候发表？[4] 也许已经发表了，但我在日本时几乎从未看到过《纽约客》。

有空请寄明信片。

唐纳德谨上

东京，1989 年 10 月 23 日

亲爱的雪莉：

很高兴收到你去意大利之前从纽约写来的信，今天又收到了刊登在《新闻周刊》上那篇文章的复印件。事实上，我早些时候就看到过那篇文章。加利福尼亚一个我从未听说过的人寄来了这篇文章，同时寄来的还有他在太平洋战争期间在某个散兵坑里发现的几份日本文件的复印件。他想得到一套日语文件的完整译文，以报答他将《新闻周刊》的文章寄给我的大恩大德。（这套文件是一个车辆调配厂的完整记录，记载了汽车借用和归还时间的精确数据，还有一本储蓄存折。）恐怕，无私友好姿态的时代可能行将结束！

……

如我刚才所说，我将于 11 月 13 日启程前往罗马，抵达几小时后将搭乘另一架飞机前往米兰。与朋友在米兰待到 11 月 20 日，再前往罗马。罗马的住宿得到那天才能安排好。我不确定是否会在米兰待上整整一周。我很想在宫殿开放日找个时间去曼托瓦（Mantua）。我的朋友古田宗一（Soichi Furuta）现在住在埃兹拉·庞德（Ezra Pound）女儿玛丽·德·拉赫维尔茨（Mary de Rachewiltz）的城堡里。她邀请我去梅拉诺（Merano）的城堡。此外，我还有可能应邀到博洛尼亚大学讲学。

我不太清楚罗马对我有什么期望。我已应邀就熟悉的主题进行了三次演讲，所以预计不会有太多的工作。你得空的时候，我应该可以前来

拜访。希望能有这样的机会，不过我知道你工作很忙。

......

今年夏天，我学习意大利语的坚定决心，在现实面前土崩瓦解。有一天，我听了磁带，毫不费力说出磁带指示我说的所有，但我现在肯定已经忘得一干二净了。

......

祝你和弗朗西斯一切顺利。

一如既往的，

唐纳德

纽约，1990 年 4 月 16 日

亲爱的雪莉：

　　读了《纽约时报》上阿纳托尔·布罗亚德（Anatole Broyard）的书评后，我就想给你写信。我一直以为他是个无情的怪物，唯一的乐趣就是嘲笑无招架之力的作者。他评论我的《西方的黎明》，开篇即是"这本书像是一场无尽的噩梦"。但是，毕竟人心都是肉长的。或者，也许他受到类似他所品评方式的打击，从而学会了谦逊。无论如何，当他躺在病床上，充满了对死亡的恐惧，你的书对他来说意义非凡，读到这里我非常高兴。在正常情况下，他可能也会非常欣赏你的书，但自尊心使然，或许他说不出口。

　　……

　　哥伦比亚大学的春季学期马上就要结束。这个学期过得飞快。我的日本文学史最后一卷写作进展顺利，第一次我觉得自己在可预见的将来能完成这部著作。我可能过于乐观，但这种感觉很轻松自在。有时，我觉得这项任务就像西西弗斯周而复始推着石头，每完成一章，就意味着我本无计划要写的新章节出现了。

　　我期待着即将开始的意大利之旅。不可思议的是，这一切源于我突然想去卡普里拜访你的冲动——那是五年前吗？自那时起，我每年都会回来。这一次，我真的什么都不用做，作为会议主持人，我只需表现得庄重些。若天公作美，威尼斯凤凰剧院可能会上演歌剧。去年 12 月，

137

我在罗马观看了一场糟糕的《福斯塔夫》（*Falstaff*），但这并没有动摇我在歌剧故乡欣赏歌剧的热望。

祝你和弗朗西斯一切顺利。

唐纳德谨上

东京，1990 年 7 月 16 日

亲爱的雪莉：

　　……

　　谢谢你的来信，信封照例贴上了琳琅满目的意大利邮票。日本人也印制精美的邮票，不过，当地邮局往往只卖一天。也许你在卡普里邮局有熟人把精美的邮票留给你。或者，更有可能的是，你比我有远见，不会放过任何一个购买邮票的机会。

　　今天是夏季第一个真正炎热的日子。之前一直下着寒凉的雨，我幻想明媚灿烂的夏日午后，而不是这样的夏日！过去肯定和现在一样热，但没有空调也能熬过去。大约有十年的时间，我常在日本度过夏天，当年剩下的日子都在教书，我选择在全国最热的地方——京都过夏。显然，我的适应能力已经大不如前。

　　我正缓慢（我认为）但笃定地进行文学史的写作。一个令人担忧的情况是：章节越来越长，尽管所讨论的文学作品并不一定比前几章的好。事实上，可能越是好的作品，我评述得越少，仅因为最好的作品都有英译本，而我想对读者说："自己去读吧。"对于文化史研究者来说，二流书籍比名著更有可能引起他们的兴趣，因为名著独树一帜，与时代格格不入。

　　……

　　我总是不好意思提及我在日本获得的任何荣誉，因为我不知道该如

何看待它们。我是因为扎实的学术研究而获得荣誉，还是仅因为日本人为了展现国际主义的姿态，想要表彰某个外国人而选择我？或者因为我满头白发？不管怎样，当我得知自己被授予日本学士院客座会员称号（针对外籍人士）时，又惊又喜。我扪心自问："他们真的要给我吗？"学士院的日本会员每年都会获得一笔相当可观的年金，而且（我想）可以免费乘坐火车，但我怀疑这是否也适用于外国人。外籍会员共有 20 人，我猜我肯定是唯一一个真正居住在日本，至少是每年有部分时间住在日本的外籍会员。

今天，我要前往四国岛，该岛以其 88 座寺庙而闻名，信徒们络绎不绝前来朝拜祈福。日本国家电视网将这些寺庙分给大约二十五或三十人去参观，对他们参观寺庙、适时发表评论进行了电视直播。我被分配去三座寺庙，它们位于岛上一个风景宜人的地方。我收到前两次直播的录像带。这些评论的水平并不高。游客走近寺庙，看到大门，会评论道："壮观的门！"往前走是一个池塘，游客反应道："水真清！"再往前走就是寺庙的主建筑，游客抒发感慨："建筑简洁却气势恢宏！"寺庙内部也引发类似品评："朴素信仰的产物！"诸如此类。既然我知道节目的需求，我当然会依葫芦画瓢。

10 月份，我将短暂地回纽约参加一个庆祝晚宴，致敬一位几年前向哥伦比亚大学捐赠一百万美元的日本金融家。长途跋涉只为参加这样的场合，让我兴味索然，但如能再次见到你和弗朗西斯，那就太好了。向你们致以最美好的祝福。

唐纳德谨上

另：竟忘了祝贺弗朗西斯的新书完稿。期待阅读。

东京，1990年9月23日

亲爱的雪莉：

……

日本的今夏是我在此地经历过的最热夏天。它打破各种纪录。就算引以为豪，也不足以要去受这份罪。从昨天开始，天气凉爽了许多，谁知道呢——许是夏天已经结束。纵然天气炎热，我还是完成了不少工作。或者说，可能正是这份炎热，让我安于室内，远离艺术展览、歌舞伎和其他活动。现在，我正在撰写二十五年前就开始的文学史最后一章。不，这样说不太准确。这是实质性的最后一章，但我还得写一篇长的前言，展示这二十五年来的研究成果。我可能到春天在纽约才能完成。我担心哈德逊河（Hudson River）上不会有焰火表演，不过如果能和几个朋友一起庆祝，便心满意足了。

我将于10月1日前往德国。一家重要的日本出版商设立了一个把日本现代文学翻译成外语的奖项，该奖项将在法兰克福书展上正式宣布。今年是日本年。我将去芬兰讲学，然后去纽约待三天。我一年前约好了在东京讲学，当时并不知道自己要去欧洲和美国，而东京这边说绝对不可能更改日期，所以我必须赶回去，真是傻头傻脑的。

……

祝你和弗朗西斯一切顺利。

一如既往的，

唐纳德谨上

141

那不勒斯，1990 年 10 月 16 日

亲爱的唐纳德：

　　因迟迟未回信而深感歉意，我以这样的内容开头写给您的信，实在太多了吧，而这又是一封。各种事件和干扰令我不胜其烦，我总是试图建立一种工作模式，以抵御一切干预……我觉得没戏。即便如此，工作还是要做的。在这个躁动的世界里，好事发生时，我们倍感幸运。在我看来，目前的"危机"是自越南战争以来最可预见和避免的。似乎没有人有兴趣为石油价格而战、而牺牲——美国公众还无法在脱离虚伪和道德正义的背景下讨论此类问题——因此，陷入一种精神僵局。

　　与之相比，您的日本文学史几近完成，这一伟大成就更令人高兴，其意义也更为深远。这让我重新树立了以一己之力完成一项伟大事业的信心。我们发自内心向您表示祝贺。想到这件事就欢欣雀跃，这也给您的朋友们带来了一种更高的幸福感。我们再次相聚纽约时，一定要举行一次私人庆祝活动——我敢肯定届时会有许多更公开的庆祝活动。我现在就想整个读完，通读全文，将其作为连贯的整体加以理解。我猜，您一定激动万分吧？

　　……

　　那不勒斯的秋天美得不可方物，今年更胜往年，有一段时间我们一直在户外用餐。我们仍旧身着夏装。如您所知，这里的每一天都是一场冒险，就个人而言，1990 年 10 月的日子迄今为止一片祥和又充满了

瑰丽的色彩。说起"公开消息",莫拉维亚（Moravia）和帕特里克·怀特的离世尽管在意料之中，多少有些令人震惊。我们认识他俩。他们都是难缠的人，而且，我得说，都是晚年失去动力的作家。但是，在某种程度上，他们因强大而不朽。意大利《共和报》（*La Repubblica*）刊登头条报道《痛失莫拉维亚》，的确，对于大多数意大利人来说，打从记事起，就知道了他。没有他，这个国家感觉上多少有些不同。格雷厄姆·格林同样病情严重，我们在他生日那天（这一天，我们经常一起在卡普里度过）在昂蒂布（Antibes）给他打电话，他的声音听起来非常虚弱（不过在激起他某些对立情绪时，声音又活跃起来……）。他写信给我们说，他靠输液维持生命。我不知道这种状况还能持续多久。

意大利的情况确实令人担忧——井然有序从来都不是这个区域的一大亮点，在某些地方，秩序似乎正在崩塌，充斥着彻头彻尾的腐败和盗匪行为。今天的新闻是，克莫拉的头目加瓦（Gava）因"健康状况不佳"而辞职，他曾在国家政府中担任过一段时间的内政部长。我敢说他不会辞去罪恶活动，好在至少这些活动没有政府为其背书。

……

哦，弗朗西斯的《加利亚尼神父》完成了，您的文学史也接近尾声。我必须回到自己的书页中，写出点什么给大家看看。亲爱的唐纳德，致以我俩的深情厚谊、最热烈的祝贺以及最美好的祝福。

　　　　　　　　　　　　　　　　　　　　　　　雪莉

卡普里，1991 年 9 月 2 日

亲爱的唐纳德：

……请原谅我们的悄然无声。我们被淹没了，这么说的话，那我们所有的朋友都被淹没，可见，抽刀断水水更流（如果可以这么修辞的话……）。我们回到纽约，发现您的信后，有很多话想和您交流。现在，我们即将再次出发，过几天要动身去意大利。太多的事情和时刻涌上心头，我几乎不知道该从何说起。几周前的一个早晨，飓风带来的倾盆暴雨将我们惊醒，同样惊醒我们的还有戈尔巴乔夫被拘留、民众起义等令人难以置信的消息。我一直在想亚历山大·赫尔岑（Alexander Herzen）1848 年于罗马写的："或是基督复临，或是最后的审判。"俄罗斯人民历经三代迫害，在过去的二十五年里，他们中最有才华、最为勇敢的同胞遭受驱逐和恐吓，现在他们走上街头，爬上坦克，辱骂压迫者，成群结队地站在克格勃总部外大笑，场面有些壮观。不消说，未来还有很多麻烦。因为麻烦总是会有的，而我们还不习惯奢望公众采取积极而明确的行动。真理伟大，真理必胜；但是，真理获胜需要多长时间，又有多少不计其数的生命在这场大解体中消逝。

我们重聚之时，您的文学史最后一卷业已完美收官，我们一定要就狄更斯好好切磋一番。他是一个多么非凡的天才，天才中的天才；他是一个多么怪异但又非常理智的人（莎士比亚更理智，也更伟大；他对怪异也有很强的把控能力）；他多么大胆，多么睿智……多么糟糕的失误，

多么惊人的效果，然后是扣人心弦、近乎直观的段落，如《我们共同的朋友》的开头，又如斯蒂尔福斯（Steerforth）挥舞着他的帽子。书中有些地方长篇累牍，除了极少数例外，女孩们毫无真实感可言；但读完所有内容，包括每一个字，绝不会感到后悔。正如您所说，其败笔是主要人物有时不如次要人物可信，维多利亚时代的许多小说家似乎都有这样的缺点；也许是因为他们觉得"美德"（体现在作品中，显得不合情理，令人厌烦）应该几乎毫无瑕疵地表现出来。《丹尼尔·德隆达》（Daniel Deronda）似乎尤其体现了这点：德隆达本人只是一个木讷的形象，而反派格兰考（Grandcourt）却被刻画得惟妙惟肖。不过，乔治·艾略特至少有时在表现女性美德方面还是不错的。另一方面，《远大前程》中的皮普以及大卫·科波菲尔人物处理得很好，尽管大卫·科波菲尔也有令人难以置信的地方。

……

我们之所以没有时间，部分当然与工作脱不了干系。就弗朗西斯而言，他要完成双重任务，一方面要校对10月下旬出版的18世纪书籍，另一方面还要完成一千页的福楼拜与乔治·桑的通信文稿。后面这项工作除导言部分，现已交给出版商。所有这一切使我个人的工作和工作心态长期割裂开来，而我现在只想完成自己的创作。大约三周前，我克服重重困难，完成了小说的一个长篇章节，我觉得，如果我能排除杂念，无情地坚持下去，现在就能真正完成这部小说了。正如伦纳德·伍尔夫（Leonard Woolf）所指出的那样，一个人要想做成任何事情，就必须无情，对自己也要无情。我刚刚读了澳大利亚作家写的有关帕特里克·怀特波澜壮阔的一生。克诺夫（Knopf）出版社将于明年出版。这本书很用心，在很多方面值得称赞，但怀特的一生令人沮丧，难以抑制的残酷和冒犯总是与更伟大的品质结合在一起。尽管对漫长的二元对立有一些意识，但还是比我想象的要糟糕得多。在我看来，后面的内容显示了去整体化的迹象。有趣的故事，完全不是美式写法。

这封信给您寄去我俩的祝福。……我们必须只争朝夕，包括下次的相聚。希望意大利历经了去年春天的恐慌后，又能恢复印制美丽的邮票。如果我找到好的邮票，它们将成为我下一次广而告之的借口。亲爱的唐纳德，致以我俩最诚挚的问候，以及我们的深情厚谊和祝贺。

                                                        雪莉

东京，1991年12月6日

亲爱的雪莉：

9月份收到你的来信后，我决定在回信之前给你喘息的机会。我知道，终于给朋友写了一封信，刚寄出就又收到一封信时的心情。不过，等了三个月也未免过于谨慎了！

我在日本的时间过得飞快。完成日本文学史后，我有一种深深的失落感，不过，不久我就开始着手将第二卷日本日记翻译成英文。这项工作完成后，我又开始翻译一位朋友的一些剧本。这本书成形后将包括三个剧本，我现在已经翻译了两个半。[5]最后一个剧本主要用我不太懂的方言写成，不过找人帮忙并不难。问题在于是否要尝试用英语再现方言与标准语之间的某种对比。即使我能写出一些英语方言（我不能），也可能是牵强附会的。一开始，"你们所有人"让人恍若置身美国南部诸州，而不是日本！还有一个问题是，警方证词语言生硬，相当不自然。我确实应该将该剧翻译成三种英语变体，但恐怕这超出了我的能力。

9月份，我在中国待了三个星期。我在杭州大学举办了一系列日语讲座。我很高兴能向中国人讲授日本文学，因为中国人历来忽视日本文学的存在。大家相处得很愉快。最后一次讲座结束后，我收到一份暗红丝绒装帧的证书，上面宣布我被聘为杭州大学名誉教授！杭州是我在中国参观过的最有魅力的城市，城中有个大湖，湖上的船只静静地驶过。杭州也不乏丑陋建筑，其中一些侵扰了湖景，但人们可以选择合适的角度，将它们剔除出视线。

我参观了该地区的寺庙才意识到"文革"带来的破坏有多严重。大多数情况下，建筑物内的每一物件都有被毁坏的痕迹，甚至连无关痛痒、刻有诗句的石碑也未能幸免。近年来，一些佛像已被更换，部分原因是中国人想拜佛，但我想也是为了发展旅游业。长期以来，日本人以模仿中国或西方出名，也因此常受鄙薄；但当我看到中国寺庙里的新雕像，回想起在日本看到的雕像，那时，我多么希望中国人也能模仿一下日本人！

杭州的经济状况似乎比十年前我访问中国时要好得多，以前只有带着外币的人才能去购物的大型友谊商店现在面向所有人开放。问题是，现在有两种价格体系，一种针对中国人，另一种针对外国人。显然，政府部门正通过赚取游客费用的方式，努力降低中国人的支付价格。我在杭州的酒店住一晚（不含餐费）的价格比教授们一个月的工资还高。教授们的工资无论如何都难以为继，但他们可以通过担任导游等工作来增加工资。不过，总体来说，我认为情况已大为改观，（至少在大城市）生活水平还可以承受。

我预计于 1 月 13 日返回纽约。3 月初，哥伦比亚大学要为我即将退休举行欢送活动。……希望你 1 月份能来纽约，届时我将有幸见到你。

致以最诚挚的祝福。

唐纳德谨上

纽约，1992年9月6日

亲爱的唐纳德：

　　首先，必须由衷感谢您温暖的来信，您会看到，这封信的到来比以往任何时候都更加鼓舞人心——感谢您所附的精彩照片，这是我见过的最好的照片之一，照片中的三人证明了"跋涉"的合理性（不是18世纪澳大利亚忏悔意义上的"跋涉"）。我们之前就很喜欢这张照片，现在依然喜欢，因为它见证了那个难忘的夜晚。在这个全球分裂日益加剧的怪异时代，这种文明得以彰显，甚至以其奇特方式取得胜利的伟大时刻比以往任何时候都弥足珍贵。我这样写，并非要宣扬世界末日，而是因为除了工作及与密友在一起时（当然还有阅读之时），很难不意识到所有形式的秩序都涌动着明显的不安……

　　我得告诉您，您的信刚到不久，弗朗西斯就摔了个大跟头，这让我们共同的及各自的生活遭受双重打击。现在情况已基本好转，他奇迹般避开了更严重的伤害，但由此造成的损失，对我俩来说都是一个沉重的打击。埃尔塞·布罗伊尼希（Erse Breunig）的孙女刚从巴纳德学院（Barnard）毕业，是个聪明可爱的女孩，我们邀请她去布鲁明戴尔百货店（Bloomingdales）顶层的一家小餐馆吃晚饭。（这家名为蓝色列车的餐馆，在购物日的午餐时间人声鼎沸；但几乎没有人知道它周四晚上营业，因为那时候商店会营业到很晚。环境安静，吃得很惬意，还能看到东河的美景等。）我们沿着第三大道散步，进入命运之门，坐上自动扶梯。扶梯上升时，弗朗西斯的左腿似乎失去了平衡，翻了下来，在移动的扶梯上爬不起来，扶梯严重划伤了他的双腿……在弗朗西斯被扶梯带到顶端之前，"他们"把扶梯停了下来。一队人赶来（生怕遭到起诉），把他抬了起来，扶他坐到椅子上。我看到他还能走路时，恐惧感稍稍减轻了些。这一意外事件让我想到《伊利亚特》中描述的那个深渊，就在阿喀琉斯和赫克托耳相遇不久前豁然打开，以赫克托耳死亡终结，可怕的冥界有破开的威胁，那是"必死之人和不朽之神"都惧怕的万物之底。在维苏威火山口的内部，我想起了这段话……救护车叫来后，我们发现自己在纽约医院的急诊室，等待了很久……弗朗西斯腿上的伤口得到处理，除了挫伤和受惊外，似乎没有什么大碍；我们已在周遭的例行公事中发现了一些荒唐的笑点。（不过我得补充一点，大家都很乐于助人，有几个人还非常人道。）从那时起，一轮又一轮的骨骼扫描、X光检查，去看整形外科医生、神经科医生、皮肤科医生、治疗师，无休止地前往医院和医生办公室，这已占据了我们生活的很大一部分。弗朗西斯现在才开始感觉到自己的存在，并开始了短暂的新工作，见面时再详谈。我们希望几天后能去那不勒斯。

我想说，这段时间有点筋疲力尽。不过，我俩自始至终都在努力工作，尽管我每天都要面对无数的工作要求。有一天晚上，为了完成一项工作，我彻夜未眠，因为我知道天一亮，我就无法回到办公桌前了。不幸中的万幸，弗朗西斯睡了很多觉。昨天，他似乎完全恢复了从前的样子，如我所说，我们甚至在这件事上发现了很多可笑之处。整整十年前，我们才从他在那不勒斯遭抢劫的事件中恢复过来——他声称每隔十年容易出一次事故。他关于"那不勒斯事件"的描述已出版成一本小册子，他说迫不及待要给您寄一本了。

……

当然，我们迫切想知道您的文学史最后一卷何时问世。……您的"自传"让我激动不已。您知道，我们非常欣赏您的简短回忆录，独一

150

无二，令人感动。第二本日记集将是另一个启示。之后，天哪，明治天皇的传记。真是令人赞叹。收到一条新鲜鱼时，我笑了，如此实用，备受欢迎。我上幼儿园时，（棒棒的）苏格兰老师比勒尔（Birrell）小姐会在圣诞节把我们召集起来，那时的习俗是孩子们要给老师带一份由妈妈准备的礼物。她用朴素的盖尔语对我们说："记住，孩子们，你们要告诉你们的妈妈，比勒尔老师有很多手帕、很多手帕袋、很多棉衣衣架、很多睡袜、很多拖鞋和薰衣草香袋。比勒尔老师需要的是：深色皮手套，尺码为 7 号；一个新电热水壶；一件藏青色的毛织品，最好是哔叽的。"

……

能读到您严肃认真的生活，感觉太好了，这是真正意义上的严肃认真，出色完成如此多工作，追求更高层次的愉悦。希望我能有一半这样有规律的时间用于写作，完成我的书，我盼望新的一年里能完成。过去的几周，我们的生活就像济慈描述他的生活所说的，像一包散乱的纸牌。重读您的来信，安静时分给您回信，并终于寄出，这让我受益匪浅。是的，犹记从米利埃拉（Migliera）通往卡普里莱广场（Caprile piazza）的那条小路，还记得农妇在"一个人收割，一个人歌唱"。画面浮现在眼前，仿佛凝成一瞬，就在那秋光里。很快，遍布卡普里，还有托斯卡纳以及罗马附近的野生仙客来将再次绽放……顺便说一句，如果您在罗马期间能四处走动，我非常推荐去尼米湖（Lake of Nemi）短暂游览一下，那里距罗马最多一个小时的车程，其动人及美丽之处难以言表。在湖边的小镇上，有一家名为"狄安娜的镜子"（Lo Specchio di Diana）的餐厅，环境优美，可以俯瞰湖景……我们希望这次也能去那里。

致以我俩最亲切的问候。

雪莉

明信片，那不勒斯，1993 年 6 月 29 日

亲爱的唐纳德：

　　非常感谢您寄来的这张非比寻常的明信片。（邮戳的位置很糟糕，但也无法掩盖邮票上一幅智者肖像之美——一个戴着帽子的男人，这一定意指他的重要性：诗人？还是哲学家？）这里的诗人日子不好过——维吉尔和莱奥帕尔迪的陵墓遭到野蛮破坏。正如亨利·詹姆斯谈及鲁珀特·布鲁克（Rupert Brooke）之死说："当然。"这是一个怎样的时代，一个怎样怪异的世纪。东方研究所这里也发生了抢劫案……

　　……

　　一如既往，致以我俩最真挚的情意。

雪莉

东京，1993 年 7 月 20 日

亲爱的雪莉：

　　收到你从那不勒斯寄来的明信片，非常高兴。我一直等到你回纽约才回信。据各方说法，这是纽约有史以来最热的夏天。很可能你打算搭乘第一班飞机去鄂木斯克（Omsk）？哈德逊湾？还是哈默菲斯特（Hammerfest）？雨季的缘故，日本仍很凉爽。如果雨下个不停，一直下到 9 月，我也不会太难过。几年前确实发生过这种情况，但我不想剥夺日本孩子每年一周左右的假期。

　　很高兴你注意到明信片上的邮票。（我一直很喜欢你贴在信封上的精致的意大利邮票。）戴帽子的男人是伟大的俳句诗人松尾芭蕉（Bashō）。这枚邮票（还有许多其他邮票）于 1989 年发行，纪念他三百年前前往东北部的旅程。我曾在《百代之过客》中提到《奥之细道》（*The Narrow Road of Oku*），该书描写了其行旅见闻。说起我的书，大约十天前，我收到了期待已久的日本文学史最后一卷《心中的种子》（*Seeds in the Heart*）的第一本样书。这是一本一千三百页的大部头，包括洋洋洒洒长达八十页的索引。这本书似乎真的不可能完成。几乎每天我都会不由自主地捧起它，安慰自己这不是一场梦。我想，这本书拟于 8 月出版，但出版商为了确保安全，不到最后一刻是不会告诉任何人的。但就在刚才，我欣喜若狂，愿意原谅所历经的一切懊丧。我也很高兴他们把价格控制在五十美元。过去，即使对于这么大篇幅的书而言，

这也不是一个小数目，而现在，任何学术性的书籍，无论篇幅，价格都可能更高。

……

祝你和弗朗西斯一切顺利。

唐纳德谨上

东京，1993 年 8 月 27 日

亲爱的雪莉:

很高兴收到你从纽约寄来的信及随信附件。

······

关于新版（实际上是旧版）《蝴蝶夫人》的文章让我很感兴趣。我不记得是否告诉过你，二十多年前，一个日本人来到我在哥伦比亚大学的办公室，请求我读一下他写的纪念祖母的文章。起初，我并不愿意花时间阅读别人祖母的故事，但很快我就发现她非常特别。她是日本驻意大利大使的夫人，也是普契尼的密友。正是她将约翰·路德·朗（John Luther Long）令人反感的剧本改编成具有洞察力的歌剧剧本。当她发现普契尼和他的歌词作者在第一版失败后是如何修改文本时，便拒绝参加下一场演出。现在我知道原因了。我记住朋友的祖母还有另一个原因。即将离开意大利时，意大利王后送给她一个华丽的手镯。她在那不勒斯登船时戴着这个手镯。在甲板上，她向前来送行的王后挥手，手镯飞进了海里，我有充分的理由相信，手镯现在还在那里。

上一封信中，我提到了文学史最后一卷的出版。正式出版日期是 8 月 10 日，但我没有收到出版商的任何祝贺，也没有人给我寄来宣传材料，更不用说书评了。我越来越意识到，你在《纽约时报》上发表的书评对我来说是多么大的恩惠。出版商的态度似乎是听天由命——既然卖

不出去，为什么要好好地把钱填进无底洞？但我的感觉仍主打喜悦，因为这本书终于问世了。

祝你和弗朗西斯一切顺利。

唐纳德谨上

明信片，纽约，1993 年 12 月 20 日

亲爱的唐纳德：

　　这个"季节"，我们从明信片背面的风景中，重又回到这座城市。看到您亲切的问候、您新的排版毛条和巨著，您的文学史画上了圆满的句号。该如何表示感谢呢？我们发自内心感谢您。如此规模的工作得以完成，真是莫大的安慰与由衷的欢喜。如意大利人面对此类情况所说："完成不可能之任务。"

　　……

　　赶紧地，弗朗西斯和雪莉向您致以深情厚谊。

雪莉

东京，1994 年 8 月 29 日

亲爱的雪莉：

太糟糕了——未能给你写信，已三个月有余。天知道，我经常想到写信，实际上，我已经在脑海中构思了许多有趣的信件，不过你永远不会收到。我隐隐感到不安，我的时间被切割成奇形怪状的碎片。今年年初，我回到日本，参加日本文学史日译本第一卷出版的各种宣传活动。事实证明，我的提早抵达是有作用的：我在几个电视节目中露面（这似乎是推销书籍的终极方法），并在各种杂志上刊登自己的照片。我还在已记不起来的一些地方举办讲座。在严肃出版物根本卖不动的情况下，这些有助于本书（及第二卷）的销售。漫长的几百年来，日本人一直恪守儒家智慧，但现在却变得轻浮；据称日本人居住在"兔子窝"中，毫无疑问，国外对此进行的负面报道使日本人向往电视明星回忆录等体现的贪图享乐之风。

希望你和弗朗西斯一切顺利。我很少听到来自意大利的消息，尽管我比以往任何时候都更多地参与了意大利关于日本的学术研究。今年的翻译大奖将颁发给日本现代文学作品的意大利语译文。……我当选为评委。我抗议道，我的意大利语知识甚至不足以完全理解表面意思，更不用说评判译文风格了，但（我被告知）意大利人自己执意如此，依据是我曾用意大利语作过一次演讲。确有此事，但那次讲座是在埋首于朋友为我准备好翻译的情况下完成的。真正召开审查委员会时，我感觉好多

了，因为我发现两个日本人中有一个读的书比我少！但是，你可以想见，我的意大利语词汇中并不包括"蟾蜍"呀"萝卜"呀这样的词，而这些词恰恰出现在一个与农民家庭有关的日本故事的译文中。要是翻译的是类似我喜爱的歌剧剧本作品就好了！我的怒火可不能白白浪费！

……

这段时间对我来说相当艰难。即使我几乎不认识的人，对我也非常好，我本无可抱怨，但我感觉到自己和老朋友之间日渐疏远，当然不是心生敌意，而是他们每个人都以自己的方式囿于家庭或工作中，准备将自己包裹成茧。上周，我几乎终于要说服自己真应该回纽约，不过，我想这个问题并非日本人独有。我向老朋友讲述目前与三岛夫人之间的芥蒂（她总往坏处想我，因为我没有放弃所有其他工作去翻译她丈夫的小说），他说他同情三岛夫人，这瞬间激起了我的危机感。当然，她丈夫自杀，我很同情她，她儿子离家出走，我也很同情她，但这都是二十年前的事了，并不能成为她愤怒的理由，她在没有让我为自己辩护的情况下，就认定我做错了事。我想我最生气的是我朋友的所谓客观。如果你听到三岛夫人对我的无端指责，或者听到她向共同的熟人宣称，无论如何（我当时在住院），她都不能原谅我没有参加她父亲的葬礼，我可以想象你会作何反应。

这些小事并不能成为我有时感到不满甚至焦虑的理由，但它们或许可以解释我为什么一直难以静下心来写信。除这些私事外，我的下一本书《明治天皇》的写作也遇到了困难。我手头积攒了大量材料，但仍未能看清这个人，也许永远也看不清。难道是因为明治天皇虽然声名显赫，但其实是个苍白沉闷、毫无趣味的人吗？还是我根本就没有找到揭开谜底所需的文件？

虽受之有愧，但你如能来信告知你在意大利和纽约的情况，我会非常高兴。

一如既往的，

唐纳德

159

罗马，1994 年 9 月 16 日

亲爱的唐纳德：

收到您的来信时，我们刚离开纽约，先动身去的罗马，现在在罗马，明天去那不勒斯。您的来信令人感动，对我来说尤为感伤。

在准备启程的繁忙过程中，尤其是处理现在专属我去"解决"的大量无味琐事的情形下，我无法给您寄去哪怕如此简短的文字，这让我很抓狂。这是我临时起意，想在您离开日本前往意大利之前联系到您。您抵达这里时，我们确实在那不勒斯。［或者，可能在卡普里，我将在那里"参加"——就是简单地旁听——一个关于提比略（Tiberius）非常有趣的历史学家会议：在西班牙发现了新的记载，它们实际刻于铜板，与提比略指使谋杀日耳曼尼库斯（Germanicus）及之后受他控制的格奈乌斯·皮索（Gnaeus Piso）之死密切相关；这些材料充分证明了塔西佗编年史（Annals of Tacitus）中的激烈叙述。这一叙述长期以来饱受争议，因为它对提比略的谴责过重，现在可以反思对他的评价是否过于宽容。］想到您要是在罗马，我们却不能见面，实在是令人沮丧。请打电话告诉我们您什么时候到，将住在何处。……读了您的来信，我有很多想法和感触，等得知您收到信时，如果可以，我一定要尽情倾诉。我现在最着急的是赶紧把这封信寄出去。……说起您与长期信赖的朋友相处种种，真是心灰意冷，哪怕片刻恣意的敌意，似乎也会动摇多年的感情和联系。年轻时经历这种事，感觉很糟糕，随着年龄的增长，这种感觉

160

会更焦灼。您的"老友"这一表态（与三岛遗孀的任性有关）听起来完全不可理喻。不过您信中第一部分内容，在我看来可能与此有关：您提到了您的日本文学史日译本受到热烈欢迎。这难道不是朋友对您产生对抗情绪可能的原因吗？哎，这种情况下，再好的天性也会向嫉妒和怨恨让步。因此，不幸的是人本身（Così, purtroppo, l'essere umano）。如果我的想法失之偏颇，请原谅；但至少在西方人中，这是对"成功"的普遍反应。"桂冠诗人"彼特拉克（Petrarch）说："桂冠带给我许多嫉妒，而无益于我的天赋。"我必须马上带着这封信去邮局——圣西尔韦斯特罗（San Silvestro）。希望知道您到罗马后在哪里可以找到您。……致以深情厚谊、全力支持。

雪莉

那不勒斯，1994 年 11 月 8 日[6]

亲爱的唐纳德：

　　一直很想您。如果有您的电话号码，我一定会给您打电话。现在才有时间回信，非常感谢您的来信，感谢您慷慨又真诚的话语。您兼具慷慨、真诚的品质，非常难得。

　　从英国发来的一篇讣告说，弗朗西斯是一个"令人愉快又非常坚强的人"——这同样不是一个常见的组合。他没有虚荣心，也没有不近人情。文学和艺术对他来说是直接而快乐的。在过去的一两年里，他甚至比以往更加关注寄给我们的珍本书目，有一天，他对我说："我想订购所有这些书，真的。"然后他大笑起来——意即要有足够的生命来"读完所有的书"……您知道他有多么钦佩您，有多么重视您的友谊。我微笑着听他说希望您住在我们楼里，这是他给出的最高赞扬。在他生命的最后几个月里，他忘记了很多事情，但从未忘记自己，也未曾忘记朋友陪伴的乐趣。关于在哥伦比亚大学的那个难忘夜晚，他最近一次说："真是无与伦比。"那天晚上，我们从您的庆祝会回来，坐在出租车里，他说："如此顺理成章的事是不会让人嫉妒的。"

　　这些天来，我思绪万千，起伏难定，时而恍然大悟，时而难以置信。对我来说，10 月 20 日之后，度日如年。我刚从佛罗伦萨回来，去参加了约翰·波普·亨尼斯的葬礼，艾克敦（Harold Acton）、约翰、弗朗西斯——这三个多年好友，均在同一年离开人世。他们具有非凡的灵

162

魂，来自非凡这种品质可能且自然生发的世界。我觉得，就像叶芝说的那样：

"时间可能会带来

经认可女人或男人的典范，

但不再有同样的卓越。"

按计划，我将于 12 月 2 日前后返回纽约。非常期待您回到那里。我也"希望我们能住在同一栋楼里"；但从隐喻意义上，我觉得我们已是如此。是的，在他去世前一天，我们还在读《安东尼与克莉奥佩特拉》，真是美好。有时他会说："我们马上把最后一幕读一遍吧。"或者对于某一行或某一句，他会说"想想谁能写出这样的句子"。一如往常。

我们到纽约之前保持联系吧。亲爱的唐纳德，再次感谢您的深情厚谊，感谢您的溢美之词，感谢您温暖的回忆。愿此带来一切情深谊长。

雪莉

东京，1995 年 7 月 21 日

亲爱的雪莉：

距上次见面，已有数月。不过，我莫名觉得，我们一直保持着联系。对有些朋友来说，通信中断可能会使友谊难以维系，但我认为这不会出现在我们之间。打开邮筒，发现自己仍是希望收到你的来信，我意识到，为了收到信，必须做点什么！

这次待在日本主要为了撰写明治天皇的传记。昨天，我完成了直至12 月份的分期连载。我的进度本应该遥遥领先，但译者只在夏天才能全身心投入我的工作中，因此，我得积压相当多的稿件。我发现尽管写传记是一项艰苦的工作，但比预想的要愉快得多。最难的部分是阅读文献。虽然我所用资料主要写于 19 世纪 60 年代，但它们所使用的既非现代日语，亦非古典日语。我能想到的最接近的情形大体是，读一份满是图形字谜的文件，比如使用眼睛和大海的图形来表达"我看到了"。虽不完全是这么回事，但我想不出比这更好的比喻了。另一个最难的部分更令人恼火。日本历史学家很少提供资料来源，这意味着我必须翻阅可能的书籍，而这些书籍都没有索引供参考。

不过，我想，这奇特的类似侦探的工作正是此项任务的有趣之处。我渴望像圣乔治那样，脚踩所屠之龙的脖子，当然，我还是担心这条龙比我强壮。

最近怎么样，雪莉？我想，即使有朋友陪伴，你每天都在思念弗朗

西斯。也许你从工作中找到了慰藉。但愿如此。我 8 月份会在纽约短暂停留，到时同你联系。……希望能相见。

一如既往的，

唐纳德

明信片，那不勒斯，1995 年 9 月 16 日

亲爱的唐纳德——这是您在巴西探险时可能错过的一幢房子 7。我离开纽约公寓前往机场时，从客厅沙发上随手抓起的三岛剧评，非常精彩。这些天，我总是忙得不可开交。在罗马度过了美好的几天后，我来到波西利波的海边，很快就要去卡普里了。很高兴发现我已经恢复了在这里的工作。莉莉问我，唐纳德下次什么时候来那不勒斯？我也想知道。

您记忆中 1943 年的那些岛屿中，潘泰莱里亚岛（Pantellería），其中一张邮票上绘有该岛，或许它的名字并没有引起您的注意？"盟军"进入这个炎热的小地方作为西西里登陆的第一步，我想，那时我才 11 岁……现在，它不可避免成了度假胜地。

能在纽约见到您真是太好了，意外之喜。我享受每个时刻——致以深情厚谊。

雪莉

东京，1995 年 10 月 31 日

亲爱的雪莉：

又一个月结束了。记得过去我最盼望的莫过于时间飞逝，好让一些迫不及待的事情赶紧来临；而现在，我对匆匆而过的每个月都深感惋惜。也许在我这个年龄，这很自然，尽管我承认，说服自己真的已经73 岁，是下了一番功夫的。走在街上，看到和我年龄相仿的人时，我从来不会想到自己的年龄，相反，我会想："那个老头！"

说这么多，是想表达我的难过。你好意寄来三岛剧评，而我告知收悉，此间已流逝了如此多的时间。评论确实精彩。多年前，该剧曾经仅作为一部实验剧在纽约首次上演，评论家们对其老式的戏剧性深表遗憾，他们宣称没有美国观众能够接受一部主要情节发生在舞台之下、观众视线之外的戏剧。这也许就是该剧未能上演第二场的原因，但我们现在知道，错不在剧本，而在于导演和评论家。

我刚读完弗朗西斯的《一个女人、一个男人和两个王国》（*A Woman, A Man, and Two Kingdoms*）。这是一本多么精彩的文明之书！其构思之精巧、书信译文之精彩都让人欣喜。我很高兴能了解这两个人，我非常肯定，如果没有弗朗西斯的这本书，我都不曾听说过他们。我读的他的第一本书是《福楼拜和包法利夫人》。记得买这本书时还是个大学生，当时除了"人人文库"和"现代文库"外，我几乎买不起其他书。不知道我的那本书后来怎么样了。它是在哪次地址变更中丢失或被

盗了？或是我赠送给了某位非常喜欢它的来访者？那至少是五十五年前的事了。

　　我自己的工作在缓慢但稳步地开展。唯一的问题是，我仍不知道何去何从！我的主人公还只有 16 岁，尚未说过一句话，至少我听不到。我真的还有精力和热情一直追寻，直至他 60 岁生命的终结？今天晚上，一位编辑邀请我为三岛写一本传记。如果我接受的话，这也不是件容易的事。

　　希望你一切顺利。有空请给我写信。

一如既往的，

唐纳德

　　另：华丽的意大利邮票使信封熠熠生辉。回答你的问题，是的，我对潘泰莱里亚岛记忆犹新。还有巴厘巴板（Balikpapan）和巴布尔索阿普（Babelthuap）。

卡普里，1995 年 11 月 29 日

亲爱的唐纳德：

　　非常感谢您的来信，我在拆卸卡普里的公寓，拆卸过程中感到自己也支离破碎，您的来信无异雪中送炭。当然，这些工作乏味至极，精神上让我饱受折磨。大约再过五天，我将永远离开这些房间。事实上，这些房间（犹如天意）将不复存在，因为利格里（Legree）般凶狠的房东打算"重建"这个地方，到处私搭乱建。我很高兴，这个地方以此种方式结束了我们曾经的居住。

　　您对弗朗西斯有关加利亚尼和德·埃皮奈夫人（Mme d'Épinay）一书的评价真好。我的感受和您说的一样，如果没有他的那本书，我永远也不会知道这两个人。这让人不禁思考，还有哪些魅力和力量自己视而不见？假如我在 1956 年被联合国派往伊斯坦布尔，而非那不勒斯，我就会认识另一个迷人得不可救药的城市；我就不会与那不勒斯相识。好吧，我不应该让您陷入这样的思考，您是温文尔雅的博学者，有着"漫步永恒的思想"……我不知道您是否决定撰写三岛的传记？从我的角度看，我希望如此。至于明治天皇的传记，相信您的能力。在日本或其他地方，还有其他人对他进行过详述吗？

　　1 月份重聚纽约时，我一定要送您一本新的弗朗西斯写的《福楼拜与包法利夫人》（这是最近新的平装书），取代五十五年前的那本旧书。已出版的斯科特·菲茨杰拉德书信中（企鹅出版社编），有一封 1938 年

169

他写给朋友的信，信中列举了近年来对他来说重要的四五本书。其中一本是《福楼拜与包法利夫人》，他在书后写道："绝对顶级的作品。"另一本是卡夫卡的《审判》，最近有了英文版。另外几本我一时没想起来。几年前，我把它给弗朗西斯看时，他说："哦，如果我当时知道，它对我来说会意味着什么呢？"

我得看看这间弃置的公寓里有什么邮票可以贴在信封上。您的日本邮票很精美，让我想起了伊万的屏风……明年就是他去世二十周年了。天妒英才，令人悲从中来……您曾寄来的松尾芭蕉邮票很讨人喜欢。

阵阵暴风雨过后，这里的季节非常美好。只是夜晚寒意袭来，我会打开暖气。下午 4 点左右，天色早早暗了，这让人有点难耐。清晨常常光芒四射、温暖如春，我出门都不穿外套。阳光灿烂——卡普里依然繁花似锦，但人烟稀少。……这段时间，工作已成为我生存之必需，却被离开卡普里这个地方的各种琐事淹没，它们占据了我的日日夜夜。不过，我还是做了不少工作，希望今年冬天能在纽约写出更多作品。弗朗西斯不在了，而在我们所有房间，他无处不在，包括我写这封信所在的房间，这里满是回忆和经历。这仍不可想象，总是愈真实，也就愈难以置信。通过这些经历，人们会更深刻感知自身的死亡，不过殊路同归。请原谅我的愁绪满怀。

我多么期待您的归来。我相信，任何樱花的盛开都不如您 1 月的到来更受欢迎。在此期间，保持联系，我带着最温馨的祝福和深情寄上这封信。

雪莉

东京，1996 年 6 月 24 日

亲爱的雪莉：

　　这封信必须以道歉开始（就像我的许多信一样），这次是为最近访问意大利期间没能与你联系而道歉。当然，尤其我坐在汽车里，行驶于意大利东南部某个偏远地区时，或是在威尼斯参加一个中规中矩的会议时，我经常想起要同你联系，但一般来说，晚上我已精疲力竭，无法尝试打电话。在此我表示歉意。

　　事实证明，普利亚区（Puglia）是一个非常奇妙的地方。我认为最令我印象深刻的景点是特拉尼（Trani）的大教堂，它几乎就在水边，但我也会记住马丁纳弗兰卡（Martina Franca），一个 18 世纪的小镇，几乎无可挑剔，还有阿尔贝罗贝洛（Alberobello）的怪异建筑。阿尔贝罗贝洛已成为旅游胜地。在旅馆，我惊讶地看到一个大约二三十人的日本旅行团。日本人非常随和，只是我没想到！

　　……

　　我从意大利飞往纽约，在那里待了两天，然后飞往东京。要是我没有那么多书呀什么的要带去日本，我本可以从米兰直飞东京。到达时，我已疲惫不堪，而且感冒期间一直咳嗽不止，真是雪上加霜。我以前没有意识到咳嗽是多么累人。

　　雨季开始了。雨虽然不是一直下，但从来没有一整天是晴朗的。我有各种烦琐的事情要做，比如为朋友的书写序言、写推荐语，还有关

于 21 世纪的预测。我很高兴我有一项主要任务，即撰写明治天皇传记。如果没有这个任务，我肯定会觉得时间都被浪费掉了。

上周，我过生日。已经 74 岁了，绝对不可思议。为什么我没有充满智慧呢？但是，从另一种意义上说，我能清楚记得那些很久以前去世的人，由此知道自己有多老。是的，我告诉自己，我认识伯特兰·罗素（Bertrand Russell）。是的，我听过托斯卡尼尼（Toscanini）的指挥，看过弗拉格斯塔德（Flagstad）和梅尔基奥尔（Melchior）演出的《特里斯坦与伊索尔德》（*Tristan und Isolde*）。青少年时期，我还在想自己是否说错了话，是否应该寄一张生日贺卡或者给服务员更多的小费，与之相比，现在的我则不那么接地气。

相信你的新房子装修进展顺利。我想我同你说过，我在东京的同一栋楼里买了另一套公寓。它原本很脏，现在已焕然一新！我相信意大利工人也不会逊色。

一如既往的，

唐纳德

纽约，1996年8月3日

亲爱的唐纳德：

……

非常感谢您令人愉快、趣味盎然又感人至深的来信。（我觉得）您会在普利亚时，我就想到了您。是的，那是一个多么奇特的地方，某种程度上荒诞不经，但又古老而迷人。埃弗雷特·费伊（Everett Fahy）向我保证，下次他来那不勒斯时，一定会抽出几天时间，这样我和他可以开车去那里，他对那里很熟悉，我已经很多年没去过了。我害怕再去看那些楚利建筑，听说它们就像很多汤姆叔叔的原始小屋，被过度开发，令人沮丧。莱切（Lecce）、奥特朗托（Otranto）、特拉尼、马丁纳弗兰卡……，弗朗西斯晚年的时候，我经常唠叨他，让他将福楼拜或加利亚尼放下几天，这样我们就可以一起再去那些地方。不过后来，向他提出这样的建议太麻烦了。他意识到自己的记忆力和专注力开始衰退，于是把全部精力投入那两本未完成的书上。我们在纽约时，他吃完晚饭就会回到书桌前。虽然已经工作了一整天，但他还是不愿意耽误晚上额外的时间。我不知道是否给您看过他生前发表的最后一篇文章，就在他去世前一年发表于《泰晤士报文学增刊》，是对菲利普·科尔布（Philip Kolb）编辑的《普鲁斯特书信集》最后两卷的书评。这篇文章文辞优美，我却不忍卒读。我希望最终能出一本小书，精选弗朗西斯的短篇作品，这篇将收录其中。我无法言说，没有他的日子是多么煎熬，而他的

173

身影无处不在。我无力改变，也不想改变。

见面后，我想知道，您舟车劳顿，前往亚得里亚海的最后一天，是否在雷卡纳蒂（Recanati）短暂停留过？那是莱奥帕尔迪的故乡，他家美丽的宅子坐落在小镇上，尽管地方上对这一"资产"进行了一些拙劣的开发，但这里依然保持它使之不朽的面貌，他在那里酣畅淋漓地宣泄痛苦，他对周围乡村和大海的狂喜，简而言之，他是天才。我是否提到过，我们有朋友（在罗马）的家族所在地就在法诺？那是一座令人心仪的小镇，我们大约七年前拜访过他们。他们的宅子里有奥古斯都的拱门，那是小镇的门户。我发现马尔凯（Marche）的乡村美不胜收，很多地方还保留着托斯卡纳的风貌，当时商业和基安蒂（Chiantishire）还不曾释放如此多的信号。

您是我唯一一个不得不从意大利飞到纽约，只为中途取书再去日本的朋友。希望您的咳嗽已经好了，持续的咳嗽让人寝食难安。有一种滴剂，您肯定知道，可以"舒缓"（即部分麻痹）喉咙，咳得剧烈时值得一用。

这里也是雨季，类似东方的雨季。（哦，我还记得香港的那些雨，我能闻到它们的气味，目之所及，还能看到山顶的青翠在潮湿中发霉。）即使在纽约，也会有发霉潮湿的地方，比如，橱柜关上一两天就会发霉。我不记得这里有这么潮湿的夏天。就我个人而言，我并不介意。除了那难以言喻的酷热，其他什么都无所谓。这很奇怪。

致以温馨的祝福。

雪莉

174

那不勒斯，1996年10月21日

亲爱的唐纳德：

非常感谢您文辞恳切、优美的来信，还有您寄来的明信片（明信片拖了很久才收到，真是让人望眼欲穿）。说起令人痛苦的拖延：几周以来我一直在构思尚未给您写成的信时，又收到您大度写来的信，这让我感到无地自容。请千万不要以为您会写出令我"恼火"的东西。在我看来，这要命的想法不可想象，绝无可能。（但奇怪的是，此种情形下或是没有收到朋友来信时，类似猜想就会出现在脑海中；若非身处其中的人想象力匮乏，哪怕最好的感情，其不稳定性似乎也在所难免。）

我还要感谢您那枚有关一只猫的邮票。邮票上的这只猫天生眯缝的眼睛似乎有一种东方人的斜视感；日本邮票设计者当然有权这么设计。（很奇怪，有些动物看起来像专属某国：很难想象苏格兰狗来自其他地方。）因此，日本有橘猫。我试着回忆从日本图画中了解的猫是否也同这只一样是橘色的，而且口吻部是白色的。也许是占领造成了橘子酱色调，这是对"黄祸论"的报复。我们都经历了些什么！神奇的能乐面具刻画了同样猫科动物般的眼睛。非凡之物。有一次，我和伊万谈起令西方人感到震惊的装饰性黑牙。毫无疑问，宫廷名媛的烂牙对于它在艺术中的出现起到了一定的作用，正如头皮疾病、秃顶以及宫廷男女过早变白的头发在法国和英国催生了假发和发粉（发粉一定以不可爱的方式掉落在他们的天鹅绒衣服上）。您是否看过罗伯托·罗西里尼（Rossellini）

执导的关于年轻路易十四的精彩电影《路易十四的崛起》（*La Prise de Pouvoir*）？对该历史题材独特的描写，让人仿佛目睹某种真实的生活，置身某种真实的氛围。奇装异服、繁文缛节无处不在，但又一带而过。导演不曾执着于此，也从未加以"突出"。这是罗西里尼为电视拍摄的两部影片的第一部，现在有时会在电影院放映。罗西里尼在拍摄第二部之前就去世了。对过往存在的想象力令人惊叹，或许类似电影《地狱门》（*Gate of Hell*）。

……

同比尔·马克斯韦尔（Bill Maxwell）谈起您关于明治天皇的作品时，我说，如果考虑到这类作品所涉内容，"我觉得小说家用自己的语言写作生活，信手拈来"。比尔说，他知道您要是"与写作对象融为一体"，结果会是另一种启示。不知您是否考虑以那种方式进行创作？我知道弗朗西斯确实"感觉自己融入"了他的传记主题，这并非因为他在各个方面都同情他们，而是一种充满专注力和想象力的状态。他曾说过，唯以此种方式，才能有所发现。现在，从您的信中我发现了类似的"状态"，即您对那个时代的感同身受与日俱增，不为人知的细节种种显露端倪……

是的，记得弗朗西斯说过，他希望您住在我们楼里。我也希望如此。昨天是他逝世两周年，十分煎熬。然而，我却感到自己与他近在咫尺，而他从未离我们的生活远去，这对我来说弥足珍贵。

见面时，我会向您介绍自己作为业主的经历。我的小窝看上去很漂亮。但接连的暴雨使它无法晾干和通风，因此，我得 11 月中旬回来后才能搬进去。希望有一天您能亲眼看看。与此同时，我在那不勒斯被成箱的书包围，还有数不胜数的物品该搬回卡普里。但凡有机会，物品就会占领空间。

致以深情厚谊，以及美好的祝愿和思念，期待重逢。

雪莉

1997 年—2008 年

东京，1997 年 6 月 22 日

亲爱的雪莉：

上次那不勒斯见面后，时光如梭，匪夷所思。在那所俯瞰湾内维苏威火山的漂亮房子里，我度过了一个愉快的夜晚。没能早点写信向你表示感谢是我的疏忽。我没有任何借口。虽然常想起你，也多次下定决心第二天要给你写信，但总是有这样或那样的最后期限等着我。比如今天，我写的明治天皇生平中的一段插曲篇幅较长，要翻译成日文。自然，译者希望我马上反馈，但这次我鼓起勇气说："不！我正在给雪莉写信。"

我留在纽约的时间比往常晚了些。我不记得是否告诉过你，哥伦比亚大学授予了我一个荣誉学位。一所大学给已获得博士学位的本校生授予荣誉学位，这不同寻常，但对于给予我的例外，我心存感激。仪式于 5 月 21 日举行。恰好与日本学士院的年度庆典在同一天，这意味着我的午餐一半在哥伦比亚大学，一半在日本学士院。我必须参加日本学士院的活动，因为我作为外籍会员是大江健三郎（Ōe Kenzaburō）的入会担保人。我和他的关系一直捉摸不定，有时他非常友好，有时又冷漠疏远，不过，我当然不希望他觉得我是在回避他获得荣誉的仪式。我很高兴我去了。他的情绪异常高涨，一切进展顺利。

玛格丽特·德拉布尔（Margaret Drabble）发表的关于布拉什菲尔德（Blashfield）的讲话写得很好，但给人留下的印象不深。她谴责了英

179

国乡村的商业化，这一观点并非别开生面，最后她对拉什迪（Rushdie）表示了钦佩，这也是有目共睹的。但至少，她的演讲令人愉快。

我及时返回日本，担任静冈县（Shizuoka Prefecture）主办的翻译奖评委。参赛者需要翻译一篇精选的文学作品和一篇类似精选的评论作品。译文出乎意料地好，能参与颁奖我感到很高兴。

此次回日本是一次奇怪甚至痛苦的经历。我有两个特别要好的朋友，年龄与我相仿。其中一位对开启我的文学生涯有过重大影响，他于今年4月去世。另一位在我1953年首次到京都的一个月后就成了我的朋友，我们一直是莫逆之交，但现在他的健康状况极其堪忧，（更糟糕的是，就我而言）他似乎不再是同一个人了。幸运的是，他有挚爱他的家人，他们对他的疏离泰然处之，可对我来说，回想起我们从前总是畅所欲言，言无不尽，现在与他共处令我痛苦不堪。

我甚至想过减少去日本的次数。这很奇怪，尤其是去年我购置了第二套公寓作为办公地。当然，我喜欢待在日本，尽管我仍需要演讲、写文章、写书评，甚至拍摄一些工作、用餐或仅需对着镜头微笑的照片，但我并没有成功结交到新朋友。被关注不仅让我受宠若惊，也让我剩下的时间更加宝贵。在纽约，我有几个非常珍贵的朋友，你自然也在其中，但大家往往都很忙，见面并不容易。即使在我写下这些文字的时候，我的困扰显而易见，那就是我过于幸运。我在这里失去了两个最亲密的朋友，而我的健康状况依然良好。在两个国家，我都有舒适的住处，享受着梦寐以求的生活。我听到从某处传来刺耳的声音，可能带着纽约口音，在说："你还有什么可抱怨的呢？"

几天前的一个晚上，我去看了一个英国剧团出演的《科利奥兰纳斯》（Coriolanus）。我想你一定会反感它。导演亦即主要演员，名叫史蒂文·伯克夫（Stephen Berkoff）。他认定科利奥兰纳斯是极右分子，在一个场景的结尾，安排科利奥兰纳斯和他的随从在离开时走鹅式步伐，以传达这一观点。该剧以现代方式表现，剧中没有布景，演员们身着邋遏的商务套装。伯克夫本人因说话磕磕巴巴而难以理解，但他似乎决定通过删除一个重要角色来强化自己的角色（希望我记得把加插在节目中的声明附上）。然而，即便如此，该剧不时令人动容。尽管这不是莎士比亚的作品，但编排得很好。其他男女演员说台词时，还能捕捉到原剧的影子。如果我非常富有，一定会忠实原著将《科利奥兰纳斯》搬上舞台，不证自明莎士比亚比他的现代改编者睿智得多。

希望你一切顺利。我预计10月底会在纽约短暂停留。你会在那儿吗？希望如此！

一如既往的，

唐纳德

181

东京，1997 年 7 月 30 日

亲爱的雪莉：

……

没什么可汇报的。我一直非常忙，但几乎总是在忙同一件事，那就是寻找有关明治天皇的资料，并将研究发现写下来。我还为报纸和杂志撰写了少量杂文，（值得庆幸的是！）我还没有作过任何演讲。今年夏天注定多雨。比起炎热，我更喜欢雨天，不过，在我脑海中的某个角落，我想起了金色的夏日时光，我很少经历这样的夏日，这让我对阴沉的天空难怀感激之心。

今年回意大利的可能性似乎不大。有人邀请我在菲拉格慕（Ferragamo）赞助的会议上发表一篇关于日本文学中鞋子的论文，但是，日本文学对鞋子的描写是出了名的匮乏。虽然我很想再次访问意大利，但恐怕我缺乏勇气（抑或不够厚颜？）就这一主题发表一个小时的演讲。

……

致以最美好的祝愿。

一如既往的，

唐纳德

悉尼，1997年8月16日

亲爱的唐纳德：

　　如您所见，我离您又近了几英里。（我想是吧？）对您的两封来信感激不尽，感谢您如此周到，在我没有收到您的信的情况下又给我写了第二封。您的第一封信迟迟才寄到我手里，不是因为您把信寄到了意大利，而是因为那不勒斯的主要邮局（一座巨大凸起的法西斯建筑，如今却因其现代性而备受赞誉……这就是我们当代人的绝望）正在进行内部粉刷，没有人分拣或投递邮件。这是有关那不勒斯的一个细节。这封信是我在动身前往纽约前不久收到的，我本打算立刻回信，却被撰写澳大利亚演讲稿给耽搁了，三天前的晚上，我在此地发表了演讲。演讲稿让我恐惧，我无法切题，只能不断重写，我对斥资不菲将我带到悉尼的研究机构深感绝望……这种状况持续至我离开的前一天晚上，我熬了大半个晚上，重新改写演讲稿，直到这时我才觉得勉强可以。之后，是黑暗中的漫长飞行，我一直在想，自己如此这般为哪般。黎明时分，抵达悉尼，安·刘易斯（Ann Lewis）来接我，开启美好的一天。您一定还记得她家和她的船，她是那么和蔼可亲。从那时起，也就是一周前，每一个"隆冬"的日子都像初夏一样，丽日当空，美不胜收。人们极其友好。悉尼的许多事情变得更好了（当然，也有一些事情更糟）。令人欣慰的是，"演讲"进行得非常顺利（六百人参加的晚宴，包括政界、企业界和艺术界人士），听众平易近人，反响热烈。出乎意料，我度过了一个美好的夜晚。

……

您对自己在日本处境变化的描述，包括朋友体弱多病，朋友的离去等，对我来说如此真实。弗朗西斯在巴黎也有类似经历，他一生眷恋着这座城市，眷恋着那里的朋友。1970年，他完成关于谷克多（Cocteau）的著作时，我们已经间断在巴黎生活了五年。我们认识了很多人，也通过谷克多的关系结识了很多人，他们每个人都魅力十足。然而，弗朗西斯决定，我们要继续意大利的生活，偶尔去法国看看。因为自20世纪30年代起，他在巴黎的年长于他的朋友一个接一个逝去；而通过谷克多结识的新朋友大多也年事已高，开始走下坡路。他觉得这座城市之于他是梦魇般的存在。现代带来的变化令他沮丧——摩天大楼、新的坚硬冷酷……当然，我们重访过这座城市，只是再也没有居住过。当然，我想您说的"情况"并非就是那样。但是，一个篇章完结，有关记忆的可见证据蒸发，这种残酷的感觉似曾相识。正如您所说，我们如此幸运，而现在，这些挚爱又熟悉的地方不再如初，我们又该如何安顿？好在幸运的是，我们尚无须作出明确的决定。当然，自私地说，如果您决定在纽约多待些时日，我会非常高兴。要是"一切"皆顺利，没有那些令人悲伤的变故，那该有多好。一个人拥有自己的工作，做自己选择并希望做的事，是多么值得庆幸。

我来到悉尼，这里之于我，充满回忆。在纽约或意大利，我很少想到这些。这里的光线本身就令人感慨和回味，让我想起童年的清晨和午后（那个年纪，晚上并没有这般重要）。变化翻天覆地，但也有一些重要的东西完全没有改变。

……

《科利奥兰纳斯》，我多么庆幸没有看到您所描述的那个剧团的演出。这是一部了不起的戏剧。弗朗西斯和我会激动地大声朗读它。20世纪50年代初，我随父母第一次来到纽约，一位朋友邀请我去凤凰剧院观看《科利奥兰纳斯》的演出，当时剧院就在第一大道第20号大街附近。由罗伯特·瑞安（Robert Ryan）主演，我在电影里见过他。演出非常棒，制作简洁，忠实原著，表演精彩。（我认为他母亲的真实名字并非伏伦妮娅——这是莎士比亚的神来之笔。不过，我会在彼特拉克中找找看。）瑞安是个身材高大魁梧的男人，原本是受过严格训练的舞台剧演员，他的表演令人难忘。多年后，弗朗西斯和我住在达科他的玛丽安·曼内斯（Marya Mannes）公寓里，瑞安是住在这栋楼的邻居，他会来喝酒，是一个文质彬彬、讨人喜欢的人。我问起他关于1952年上演的《科利奥兰纳斯》，他说那是他演艺生涯中最美好的经历之一。

请原谅我这封杂乱无章的信，现在我把它交给太平洋邮政。保持联系。非常期待10月至11月在纽约的日子。另外，关于赫库兰尼姆（Herculaneum）"我的"帕皮里别墅（Villa dei Papiri），也有好消息要告诉您。

致以深情厚谊，为迟到的回复致歉。

雪莉

东京，1997 年 9 月 19 日

亲爱的雪莉：

　　收到你从悉尼寄来的信，非常高兴。信封上装饰了稀奇古怪的海陆生物。我想你会很高兴知道，1881 年，爱德华七世的两位英国王子访问日本宫廷时，他们把在澳大利亚买到的两只小袋鼠送给皇后，并向她保证，这些动物会让皇宫像他们的船那样洋溢欢快的氛围。彼时年仅16 岁的小王子双臂纹上了龙。你觉得这听起来像乔治五世吗？

　　我从不奢望寄到那不勒斯的信会毫不延迟地抵达目的地。我清楚地记得那座又大又丑的邮局建筑。上次去那不勒斯，我住在邮局对面的东方酒店（Hotel Oriente），不过，我认为最糟糕的法西斯建筑是米兰火车站。毫无疑问，它也受到了推崇。

　　……

　　撰写明治天皇传是我的主要工作，进展顺利。二四年后完成时，它可能会成为有史以来最好的日本天皇传记。不过，我所不知和应知的事情显而易见，这着实令人抓狂。我只能给读者展示一些细枝末节，或谓之个性。我刚刚发现了一点非常了不起的信息。1883 年，我想不出基于什么原因，他拒绝见他的谋臣，不参加需要他出席的会议等。维多利亚女王完全退出政府工作，可归因于阿尔伯特亲王去世带来的悲痛。但是，为什么明治甚至拒绝接见他最信任的大臣呢？肯定有人知道内情，也许出于对泄露皇室秘密的限制，此事未有记载。我很幸运得到他退隐

的这一信息。虽然这并非秘密，却从未被历史学家提及，可能是因为无法证实。

……

相信你的演讲非常精彩，希望你能将其收录演讲集中，包括用意大利语作的演讲。我还清楚地记得你在哥伦比亚大学为我举行的退休欢送会上发表的精彩演讲。那是整场活动的高潮。你说再让你作这样的发言，不如将你一枪毙命。不，我不会向你开枪，但是（如果你愿意的话），我会把除我之外的听众一一拒之门外。

我将在回国日期临近时再写信寄到纽约。同时，我希望卡普里天气晴好，希望你过得愉快。

一如既往的，
唐纳德

东京，1997 年 12 月 23 日

亲爱的雪莉：

昨天收到了你的圣诞贺卡。收到贺卡我当然很高兴，不过，得知你做了个手术，整个秋天都在纽约时，我惊愕沮丧。如果我们生活在文学世界里，而非现实世界中，那么没能收到你的消息，我也一定会有所察觉；可每每想起你时（这是常有的事），我总是想象你在露台上看书，俯瞰卡普里或那不勒斯的风景。希望你已经完全康复。

有一个喜忧参半的消息。我本打算 1 月 12 日返回纽约，但我得到消息说我获得了朝日奖。这是一个重要奖项，不仅授予文学界人士，也授予科学家、经济学家等。该奖将在元旦宣布，但我从颁奖的报纸上已得知消息。（除却欣喜）我的第一个念头是按计划飞回纽约，然后回来参加 1 月 30 日举行的颁奖仪式。不过，后来我开始顾虑两周内三次跨太平洋飞行。虽然没有飞往悉尼的时间长，但足以让人筋疲力尽……

这个秋天真的让人疲惫不堪。我在十几个地方作了演讲，每次演讲不仅要讲上一个半小时，这在日本是标配，还要在演讲结束后参加招待会，更可怕的是，还得拍无数张纪念照，每次拍照前要喊出"茄子!"自然而然，演讲影响了我的写作。我现在有了一大笔钱，其中一大部分用以交重税，留在记忆中的是从车站或机场到演讲地点的那段路程，通

188

常，那是我所看到的一个城市的全部。

……

致以最诚挚的问候。

唐纳德

东京，1998 年 7 月 21 日

亲爱的雪莉：

　　谢谢你寄来的印有多尼采蒂（Donizetti）的明信片，上面一如既往贴满了精美的意大利邮票。我在十七八岁时就不再集邮了，不过，仍对邮票怀有感情，无论是你贴在从意大利寄来信件上的那些精致邮票，还是那些印有弗朗茨·约瑟夫、爱德华七世和威廉明娜女王（Queen Wilhemina）的老邮票。每每看到他们的面孔，对旧有时光的怀念之情油然而生。打从孩提时，我就是一名狂热的保皇主义者，也因此对美国历史毫无兴趣。我最喜欢玛丽·安托瓦内特（Marie Antoinette），一直在读关于她的书，满心希望在我读的下一部历史中，她能幸免于难。我没有想过，所有的历史讲述的是同一个故事。

　　在过去一周左右的时间里，关于历史，我有一个痛苦的发现。大约三十年前，我写过一篇关于 1894　1895 年中日甲午战争对日本文化影响的长文。我所写的并没有错，但我现在知道我没有写到的东西有多少。我的兴趣点是因战争而出现的版画、诗歌、歌曲、戏剧等，而现在我要写的是更接近历史的东西，这也使我重新审视战争。我隐约听说的旅顺大屠杀，细思极恐。就死亡人数而言，它自然无法与第二次世界大战中一枚放置得当的炸弹造成的后果相提并论，但是，一个人按下按钮释放一枚巨大的炸弹，与一队士兵猛扑向手无寸铁的人并砍下他们的头颅，这两者之间存在着一种我难以解释的差异。这也许仅仅是想象力的

失败，或许更为糟糕。正如一位敏锐的英国或是美国记者1894年评论的那样，如果来自某个西方民主国家的一队精锐士兵冲进一群肤色黝黑的人群，对他们进行屠杀，人们读到这一消息很可能会一笑置之，理所当然地认为必须给野蛮人教训，让他们学会遵守文明规则；但在这一事件中，由于挥舞着屠刀的士兵是日本人，他们的行动恰恰证明，尽管他们表现得很现代，但从根本上说，他们是野蛮人。现在，我了解到这些事件，必须将其描述出来。也许这些对于明治天皇的传记来说并无实际必要，他远在万里之外，可能从不知晓发生过什么。但是，我了解了事实真相后，回忆起三十年前我曾写过这场战争，我觉得有义务重新审视并记录下来。

虽然这种研究令人沮丧（就像现在这样），但总的来说，我乐在其中。我已经被各种演讲、文章、访谈、对话、圆桌讨论等请求狂轰滥炸。这种关注让我受宠若惊，如果关注戛然而止，我可能会怀念它，但我渴望回到我那些发霉的旧书前，希望能探究到一点点新知。

我猜你现在已经回到纽约，远离8月假期的欢乐时光。奇怪的是，我迫切希望自己能回到纽约。日本的魅力并没有消失殆尽。那里仍有许多令我愉悦之处。但是，几周前我刚过完76岁生日，我一直在想，在我剩下的岁月里，我最想做什么？答案很简单：工作。我已经成了工作狂！说真的，除了与像你这样的朋友在一起其乐融融外，我最大的满足感来自阅读，或是发现一个不被关注的事实，并试图去理解它。我现在明白，在纽约比在这里更能做到这一点，因为我得躲开那些友好、慷慨的人，他们希望我做一些也许并不费力但远非我所愿做的事。

……

一如既往的，
唐纳德

191

东京，1998 年 9 月 23 日

亲爱的雪莉：

几个月没有你的消息了，我很担心。希望你只是忙于手头的工作，没有时间写信。又或许我的信不曾到达你手里，如今必须正视这种可能性。我仍然每天期待着邮件的投递，不过邮筒满是邮寄物品，很少有信件。电话、传真、电子邮件，天知道还会有什么，它们结合起来，摧毁或至少湮没信件这种通信手段。你能想象克拉丽莎（Clarissa）被那个可怕的拉夫雷斯（Lovelace）先生带走时正写着电子邮件吗？

记得你提过会回纽约参加比尔·马克斯韦尔 90 岁生日的庆祝活动。希望我也能到场。我刚读完他的小说《折叠的叶子》（*A Folded Leaf*），发现这本书几乎难以抑制地令人深受感动。他的文辞优美，真实可感，且不乏风趣幽默，我想，幽默也是英语作品的必备。如果见到他，请代我向他问好。

我写的明治天皇传一直在缓慢稳步推进。记得有人说过，我想那人是莱昂·埃德尔，他说一个人必须爱上传记的表现对象。恐怕我还没能爱上明治，但很显然，他并不需要我的爱。他从未做过专制的事，同样，他也不允许为自己立任何骑马或下马的雕像，尽管当时有其他人以此种方式享受尊崇。但是，除了短暂地发脾气（他通常第二天会感到后悔），他的声音从未被听到过。如果他不曾身处那样一个令人难以置信、风云诡谲的时期，对他的叙写将无从落笔。一家日本杂志对该传记连载

192

了三年半时间，反响寥寥，但现在已无法回头！

我真不知道该把这封信寄往何处，但我认为（基于我在那不勒斯邮局的经验）纽约更为安全。纽约安全吗？好吧，未必！一如既往，致以最美祝福。

唐纳德谨上

东京，1999 年 7 月 22 日

亲爱的雪莉：

　　光是打出"1999"这个数字似乎就有些不祥之感，不是吗？今天，我在英国广播公司（BBC）的一档电视节目中看到有人认为世界末日将在明年到来。有一个人郑重其事地警告说，这是我们逃离注定归于毁灭的地球的最后机会。他没有说出建议我们逃向何处；也许他不希望他的地外世界变得人满为患！

　　昨晚，做了一个梦，梦见你劝我去雷焦艾米利亚（Reggio Emilia）。我当然乐意去你推荐的任何地方，还没等我弄清楚为什么应该去那儿，我就醒了。我的计划尚未确定，也许我应该去雷焦艾米利亚考察一下。遗憾的是，我甚至不知道自己应该去找寻什么——建筑、风景、花园、美食、美酒、音乐？

　　我开启了一段海上航行，从旧金山出发，于 6 月 6 日抵达日本。你也知道，两天的飞机旅程会很痛苦，但在海上，我发现自己希望旅程能更长一些。一切稀松平常，除却在檀香山停留了一天，景色了无变化，但完全掌控自己的时间是一件美妙的事情。不，并非全然如此。有规定的用餐时间，我还要作两场讲座，但与我投入阅读或是为了锻炼身体，在荒凉的甲板上漫步的时间相比，这些都是微不足道的干扰。到日本后，我一直按部就班，认真研究，就一些我不再感兴趣但听众似乎感兴趣的话题发表演讲，以及与朋友小聚。很多朋友要么已经去世，要么判

194

若两人。这就是活到 77 岁要付出的代价。我有可能 11 月去意大利待上一周左右。在威尼斯还有一次关于葛饰北斋（Hokusai）的会议。我说我对于葛饰北斋的研究并无建树，这么说并非谦虚，不过，我已经收到了邀请，我想就算不为参会，我可能也会去趟威尼斯。

希望你的书进展顺利。能收到英国出版商的邀请，真是令人激动！正当我想断定所有好书必然遭遇被忽视的命运，就听说了对你这一实至名归的肯定！

一如既往的，

唐纳德

那不勒斯，1999 年 10 月 17 日

亲爱的唐纳德：

　　我不知道为何用这封信的前半部分，向您细数长时间以来妨碍我写信的重重障碍。不过就是为《纽约客》《旅行者》等撰写些司空见惯的文章，再加上我的拖拉——呃，其实也不算拖拉，不过，对于我那些受了委屈但声名显赫的通信者来说，一定看起来像拖拉。我很喜欢收到您的来信，您的海上航行让我印象深刻，唤起我强烈的回忆。我可能告诉过您，战后，我第一次离开澳大利亚，与父母和妹妹一起去东方。我们乘坐太平号小型轮船（非常舒适，每名乘客至少配有两名中国佣人）从悉尼到吴市只用了五个星期，中途仅停了一次——只在新几内亚岛（New Guinea）停了一个下午，为船只给水。似乎至少没有《天狐入侵》（*Red Dawn*）那种由世界之底到达世界之巅的漫长与刺激的感觉……战前，澳大利亚人（或者说几乎所有人）出国旅行，除了乘船，别无他法。战争期间，只有战斗人员才能乘飞机。直到 20 世纪 50 年代，海上航行一直是去往世界各地的首选方式。当然，喷气式飞机终结了这一切。其奇妙之处是或者说曾经是不受阻扰："他们无法抓住我。"我想，时过境迁，和您同路的乘客们经常对着手机喋喋不休吧？这年头，灵魂能跨越千山万水。说到这里，我意识到我们正进入这样一个季节：卡普里与大陆的联系经常被强浪阻断，有时会持续几天。这是一种令人愉悦的独特感受。

......

我去了英格兰和苏格兰近一个月，见到英国的出版商，还住在很多亲切友好的朋友家，他们遍及多塞特郡（Dorset）和赫布里底群岛（Hebrides）之间。我见过多么美好的事物。您去过斯塔法岛（Staffa）吗？（门德尔松曾造访那里，写下《赫布里底群岛序曲》，岛上有一个名为芬格尔的大岩洞。）在那几周，我去了一位老朋友大卫·塞恩斯伯里（David Sainsbury）的乡间别墅（很美，位于白金汉郡）。刚认识他时，他 20 岁，而今已年届 60，他是一名贵族、内阁部长（负责科学事务）。近年来他去纽约旅行时，我们谈到日本，令我惊讶的是，他提醒我，我曾同他说起过您在哥伦比亚大学奠定学术地位的那个真正不朽的夜晚，以及一名前战俘是如何谈及您最初在冲绳与他的会面。大卫说，通过这种方式——我谈到了那个仪式和您——他了解到您的作品，并"试图联系您"参加秋季在英国举行的会议。您知道这个会议吗？如果您能见到大卫，会发现他是一个独具慧眼、深思熟虑的人，完全没有因为出生在富贵之家而受到影响，也完全不受英国阶级差异的困扰。

说起会议，如果您要来威尼斯，能顺便来那不勒斯吗？我不能保证那不勒斯能一直保持自 9 月中旬我抵达以来的好天气，但目前卡普里的玛丽娜·皮科拉港口（Marina Piccola）阳光充足，泳者如织。岛上秋高气爽，繁花似锦，到处盛开着玫瑰、茉莉和蓝茉莉，没有精品店和游客（不是完全没有，但已大大减少），如天堂般。……我想您还没看过那不勒斯，因为许多纪念碑和博物馆都已修复一新，令人惊喜。而且，许多之前关闭、荒废的古迹也向公众开放了。在卡普里，我的小"家"对我来说是一个巨大的成功，仿佛我就生活在天空，小屋就像放置在蓝白相间的架子上……

想到能出现在您的梦中，哪怕是在怂恿您去雷焦艾米利亚，我也倍感荣幸。既然您提出了这个想法，我想我们最好还是去一趟，因为我从未去过那里，那里到处都是艺术品，有著名的杜奥莫大教堂（Duomo）

和各种教堂，在意大利，人们对这些都司空见惯。这是一个多么美妙的国度。9月抵达米兰后，我在米兰的挚友那里住了三天，其中一个是我很久以前在锡耶纳住过的那户人家的儿子。……他们带我参观了修复过的《最后的晚餐》。我孤陋寡闻，无法细谈，但这次我觉得整幅作品似乎更有生命力了，这不仅仅因为它的色彩。我知道埃弗雷特·费伊对此持保留意见，不过他认为目前别无他法。他还说，由于这幅作品几个世纪以来一直处于破败状态，且在战争中遭到严重破坏，因此，要么选择利用新技术尽其所能修复，要么选择让整幅作品彻底腐朽，后者即埃弗雷特所说的"基督教科学派的艺术修复法"。在我看来，那相当令人震撼。那座教堂非常漂亮——历经战争的炮火后，又一次英雄式的抢救壮举。我的朋友们住在米兰市中心，温馨舒适的公寓位于曼佐尼街（Via Manzoni）附近一条绿树成荫的街道上。我在那些熟悉的地方走了走，在那不勒斯生活后，这些地方显得如此精致。我还参观了美丽的波尔迪·佩佐利博物馆……

我想这封信现在已经长得令人沮丧，长得足以让阅读者开启信封后大声呻吟起来。不过，我一直在想，明治最后如何展现自己，您是否已经以一贯卓有成效的方式接近了他故事的尾声？您到达意大利、到达威尼斯后，我很乐意洗耳恭听。11月的威尼斯会很怡人，天气多变，但并不总是很冷，傍晚时分，游客们乘坐机动贡多拉回内地酒店后，广场上空无一人。

再过几天，也就是20日，是弗朗西斯去世五周年。想起并写下它，对我来说都糟糕透顶，我必须想办法度过这个他感知不到悲伤的日子。

这里有一个伊万不会感兴趣的小事实：《战争与和平》中有一个简短的场景，提到凯鲁比尼（Cherubini）的歌剧《两天》（*Les Deux Journées*，又名《挑水夫》）。由于该歌剧是1804年的作品，未能跻身伊万关于18世纪可接受作品的分类中。（安德烈公爵离开娜塔莎去了国外，将其独自留在俄国，在注定了命运悲剧的那几个月里，娜塔莎拿起吉他，唱起了合唱中的旋律。她曾与安德烈公爵一起去圣彼得堡听歌剧。)

……

至于《世界新闻报》，又怎能多说呢？我只想提及，维苏威火山在过去一周里隆隆作响，引起震动。我不记得富士山是否活跃，是否冒起烟雾？只知道，出发时能看清它，会给远行者带来好运……我想，到目前为止，在与各自火山的关系方面，我们尚属幸运。

无论在纽约还是在意大利，在乐于再次见到您的诸多人中，我都会是其中之一。您在威尼斯会住在哪里？我去年去过那里，那里确实明显岌岌可危，让人愈发想再去。或许可待来年……

亲爱的唐纳德，向您致以深情厚谊。

雪莉谨上

东京，1999 年 11 月 5 日

亲爱的雪莉：

收到你的来信，千真万确，非常高兴。

……

你写到大卫·塞恩斯伯里真是令人吃惊。昨天，我收到塞恩斯伯里研究所的来信，邀请我 6 月份作个讲座，今天我回复了，欣然应邀。基金会还计划与哥伦比亚大学以我名字命名的中心合作。你的来信让我笃定我会喜欢他。昨天（值得纪念的一天！）我还获得了东京外国语大学的荣誉博士学位。在之后的招待会上，我见到了伦敦大学亚非学院院长。我想，在我职业生涯的早期，若是在这样一位人物的领导下工作，我会付出什么。我以前的三名学生正在该学院任教，这也让我非常高兴。我也许最终会成为契普斯先生（Mr. Chips）那样平凡一生的教书匠。

你提到《战争与和平》中带有凯鲁比尼歌剧的场景，这让我突然想再读一遍这本书。昨天（真是忙碌的一天！）我独自一人在火车站台等车时，想起了常会想起的安娜·卡列尼娜。无法解释为什么我重读了陀思妥耶夫斯基的小说，却没有重读托尔斯泰的小说，这无疑是因为对于托翁的小说，我觉得我记得很清楚……或者，我担心它们不如记忆中那般壮丽。我有时会有这种经历。有一部名为《音乐室》（*The Music Room*）的印度电影，讲述一个在孤独海岸上拥有一座府邸的土邦主的

故事。很久以前我就看过这部电影，多年来，在我的记忆中，它成为对音乐力量的完美诠释。去年，再次观看了这部影片，却深感失望。第二次观看时，我以某种方式设法对那些让我失望的细节视而不见，只留下风吹拂的海岸、摇摇欲坠的府邸，以及那个倾尽所有来举办最后一场音乐会的土邦主。

我即将完成对明治天皇的叙述。由于是用日语连载，我不得不独立规划每一节，并为每节安排合适的结尾。现在，我必须将这六十多个单元拆分，使其统一成一本书的整体。我还必须决定应将多少与明治没有直接关系的历史信息包含其中。恐怕我还没有"找到"明治，也许永远也不会"找到"，这可能会让读者失望。

回答你的问题：富士山自 9 世纪以来就不再活跃。这对文学学者来说是一个有用的信息：如果一首诗中提到了烟羽，那么这首诗一定写于上次喷发之前。最近，我去过鹿儿岛，我住的酒店房间正对着一座名为樱岛（Sakurajima）的活火山。夕阳西下时，景色尤为壮观。

……

一如既往的，

唐纳德

明信片，诺维奇，2000年6月3日

亲爱的雪莉：

昨晚，我在诺维奇宏伟的大教堂发表演讲。显然，我的手稿清晰易懂，但我太累了，根本记不起读过些什么。不过，总的来说，这是一次难忘的经历。我很庆幸自己活到了 78 岁（这个月）。我爱英格兰，尤其是诺维奇！

我在塞恩斯伯里那儿遇到了你的朋友，我们满怀深情谈起了你。

一如既往的，

唐纳德

东京，2000年6月19日

亲爱的雪莉：

    回想起我从诺维奇寄给你的那张兴奋过头的明信片，很是难为情。希望我没有显得太得意忘形。那是一次难忘的经历，我想我应该告诉过你。诺维奇之行后，我在剑桥度过了两天愉快的时光……剑桥依然那么美丽。唯一的新鲜事是各学院向游客收取门票。我想他们需要这笔资金，但我还是怀念过去的日子，那时各学院会默认不属于那里的人不会闯入。

    我从伦敦飞往卢森堡。相信我已经告诉过你我是卢森堡的忠实"粉丝"。他是希腊语和梵语教授，但自学了日语。他和他那可爱的妻子带我游览了卢森堡的许多地方。卢森堡虽小，但多姿多彩。村落与我想象中1914年以前欧洲各地的村落别无二致。人们在家讲卢森堡语，卢森堡语与德语正如与荷兰语一样，相去甚远，但人们在早期教育阶段都必须学习法语和德语。报纸文章使用这两种语言，似乎与内容无关，报纸推定读者均可以无障碍阅读法语和德语。路标都是法文，食物肯定是法式的，但人们都有德国姓氏。一个令人愉快的地方。

    ……

    现在，我回到东京。昨天过78岁生日。这似乎不可想象。我真的有那么老吗？我在这里的许多朋友都去世了。事实上，每每接电话，我可以非常肯定那是一个业务电话，有人想让我作讲座或写文章。我一直在盘算，是否应该把一年中在这里度过的时间（三分之二）和在纽约度过的时间（其余三分之一）调转一下。虽然此前我尚未意识到，而现在恍然大悟，在这里，有些人多多少少依赖我的存在，这是我留在这里的原因之一。一旦我开始了某个重大项目，我可能会更加享受在这里的生活。我正考虑为 15 世纪的一位幕府将军写传记。我知道这很难，但写明治天皇传，我如此乐在其中。

……

随信附上一篇关于切萨雷·瓦莱蒂（Cesare Valetti）的文章。我在纽约见过他两次，我知道你是他的朋友，他的离去一定是个损失。他在莫扎特歌剧中的表演让我记忆犹新。他的嗓音多么动听！

……

一如既往的美好祝福。

唐纳德谨上

另：我正在阅读特罗洛普（Trollope）的《如今世道》（*The Way We Live Now*），这是一部非凡的小说。希望自己不会沉迷于特罗洛普无法自拔——我还有其他工作要做！

东京，2000 年 7 月 18 日

亲爱的雪莉：

很高兴能与你电话交谈。在过去的三十年里，即使世界上有很多事情乱了套，不过，想到电话服务有所改善还是很高兴的。最早住在京都时，我要花两个小时才能打通东京的电话，更不用说距离更远的地方了。在我的记忆中，那时打国际长途主要担心拨错号码，因为再拨一次，又要花费很多钱。……现在一切都易如反掌。也许太过容易，收信已成为一种难能可贵的乐趣。

……

目前，我正在翻译一篇短篇小说，讲述 1944 年日本在南太平洋一个岛屿（贝里琉岛）的防御故事。[1] 作者显然仔细研究了当时的文件，某种真实性给我留下了深刻印象。代表武士美德的日本中士和韩国下士之间存在着对立，后者极度渴望被日本人接受，但又无法顺从中士的僵化狂热。四十年前，我第一次遇见作者，当时他正准备去哈佛大学学习古希腊语。后来，他开始参与政治，尤其在越南战争期间，组织了一个团体，鼓动美国水兵擅离职守，神不知鬼不觉把他们送到瑞典。最近，他开始关注韩国。他的妻子是韩国人，他曾写过关于与妻子家人的相处经历（这或许可以解释为什么写的是韩国下士）。这本书无疑与人们认为他这样背景的人会写出的东西大相径庭，但我认为这不代表他对自己反传统态度的否定。阅读这本书时，人们可能会为岛上被无数美军飞

机轰炸和扫射的日本人感到遗憾，但我认为没有人会希望日本人获胜。（补充说明：时隔多年，作者重拾经典。他出版了朗基努斯《论崇高》的日译本。）

我在东京的生活相当乏味，部分原因是天气太热，我哪儿也不想去。确切地说，我并不孤独，但在写这封信的时候，我意识到自己没有什么令人兴奋的事情可以汇报。我对于自己是更喜欢整天待在公寓里从事翻译工作，还是真的想和一些投缘的人共进晚餐，似乎总是拿不定主意。也许我永远也得不到答案！

我的睡前读物是盖斯凯尔夫人（Mrs. Gaskell）的《玛丽·巴顿》（*Mary Barton*）。我在一个露天摊位上淘到这本书，想着自己只知道她写过《克兰福德》（*Cranford*），而且差不多忘光了。这不是一本特别好的小说，但它淋漓尽致地揭示出 19 世纪 30 年代曼彻斯特下层人民的悲惨生活。我相信你一定知道这本书，正如知道与你聊的其他每本书一样！

……

致以最美好的祝愿。

一如既往的，

唐纳德

东京，2000年11月26日

亲爱的雪莉：

你的电话让我极其欣慰、非常高兴。虽然我告诉自己，没有你的消息是因为你忙于小说创作，而无暇他顾，但我还是无法将你可能生病了的念头驱出脑海。虽然最后证明是虚惊一场，但你可能确实也认为自己得了重病。我的直觉部分正确，但我希望直觉完全错误，希望你一直都在愉快写书。

我已经开始撰写幕府将军足利义政的传记。[2] 他是一个奇怪的人物——他是一个虽不暴虐却碌碌无为的统治者，是一个深受妻子支配、被日本历史学家嗤之以鼻的男人，是一个身处持续十年几乎摧毁整个京都的战争中，却拒绝参与任何战斗的军人。若非他促进艺术的发展，使园林、茶道、水墨画等成为最典型的日本艺术，他不会被后人记住。日本人说起"日本之魂"或类似的表达时（他们经常这样说），他们通常指足利义政统治期间发展起来的多种艺术形式，从那以后，它们获得独特的光环。我知道昏庸无道的君主往往是艺术的伟大赞助人，他在任期间一败涂地，却很大程度促进了其国家文化的形成。像他这样的统治者，目前我尚未知道其他。

……

我的代理商乔治·博哈特（Georges Borchardt）至今未能将这部讲述日本人防御南太平洋岛屿的短篇小说出版，这让我很失望。也许没有人愿意阅读那些久远的事件，尤其是在（用博哈特的话说）美国人被刻画成恶魔的情形下。毫无疑问，有一天他会找到一家感兴趣的大学出版社，即便找不到，对我来说也不是什么大悲剧。不过我认为，无论喜欢与否，都值得了解一位持左翼观点的日本作家是如何回顾过去的军国主义的。

纽约方面，杳无音信。……我本打算 1 月初返回纽约，却应邀参加了今年第一次诗歌朗诵会，天皇和皇后会出席此次活动。以前也被邀请过，但时间上冲突了，所以这次我应邀了。相信这次活动不会有什么特别之处，但我喜欢古老的仪式，期盼聆听皇室成员作曲的诗歌在数百年不变曲调下的吟唱。

希望你和你的工作历经医生错误报告的打击之后一切顺利。真切期待 1 月能再次见面。我将于 16 日返回。

一如既往的，

唐纳德

卡普里，2000 年 12 月 6 日

亲爱的唐纳德：

大约六年前，我得知四十年来给朋友们写信用的这种产自佛罗伦萨彼耐德（Pineider）的蓝色纸张要被淘汰了（用"他们"现在的话说，叫"停产"）。

佛罗伦萨的一位朋友替我火速赶到托纳波尼路（Via Tornabuoni）的彼耐德，我适时收到大量的便笺和信封，成箱成箱的。您知道我是世界上最差劲的通信者，您要是知道如此可观的数量也日益减少，我还在到处翻找最后几张这样或那样的纸张，或者老式蓝色航空信封，您一定会觉得很奇怪。（与此同时，彼耐德开始涉足昂贵的压花皮革"商品"，如便条盒、办公桌套装等，必需品则靠边站。）也许我们还能活到见证书写纸被淘汰，当然还有打字机。我现在砰砰敲字的这台打字机是四十年前刚开始为出版物写作时得到的。我的许多作品都在这台打字机上完成——它最初是淡绿色的，为我服务多年，已变得灰暗。

非常感谢您，感谢您所做的一切。最重要的是，感谢您包容的友情。7 月下旬，马克斯韦尔夫妇几乎一起去世了。非常感谢您对我的挂念。是的，他是一位非凡的作家，是真正的男人。埃米因癌症去世，在近两年的时间里，她一直在接受严格的治疗。她是为了比尔选择留下，否则就不会接受"治疗"，而"治疗"最终导致了她的死亡。后来，他是为了她而留下。她离开人世后，他躺在床上，停止进食（他已然瘦骨

嶙峋），一周后去世。这是一次有尊严、不失体面的离去，他们到最后完全神志清醒，身边有他们想与之告别的密友陪伴。埃米去世前四天，为让他们坐轮椅去看夏尔丹的画展，朋友们做了不少准备工作，他们满心热情想看这个画展。比尔几次从椅子上站起来，仔细观察画作；埃米兴高采烈，回到家时已筋疲力尽。这其中蕴藏的意味难道不是古风犹存吗？苏格拉底在死亡前夕想学弹里拉琴，朋友们在无可置疑的离别之际相聚在一起。劳动节过后，追悼仪式在纽约圣约翰神明大教堂举行，来自世界各地的朋友纷纷发言。埃米和比尔是如此低调的人，然而偌大的会场却挤满了人。我不知道现场有多少人，我不擅长估数，但肯定有上千人。那天天气很好，略带秋意，仪式后在教堂花园里举行了聚会，我以前从未去过那里，那里的树很美。另一位好友，物理学家亚伯拉罕·派斯（Abraham Pais）也于同一周在哥本哈根猝然离世，他如此杰出、令人愉快。正如您所说，这些不仅是令人遗憾的告别，还有一种无可辩驳的凋零之感：人文主义本身正走向消亡。叶芝晚年写道：

> 我感到绝望的是，
> 时间可能会带来
> 经认可女人或男人的典范，
> 但不再有同样的卓越。

现在，"卓越"一词已不常提起，倒是在汽车或厨房清洁剂的广告词中，比比皆是。

4月份将在学院为比尔举行悼念活动。决定不在11月份举行悼念活动，因为"前面已有六个人在排队"（我们的队伍越来越小……），而且大家认为比尔应该得到特别关注。厄普代克建议由我进行主旨发言，我倍感荣幸，关涉这样一位人物，实在愧不敢当。（厄普代克自己也写了一篇文章，写得相当好，超乎意料地用心，文章发表在《纽约客》上。）

……

现在，说点开心的事。非常期待您 1 月份回来。学院成员的晚宴应该是在 1 月 17 日举行吧？唉，我想我赶不上。希望在那之后您能尽快与我共进晚餐。当然，我想知道帕劳小说译本的出版情况，那会是什么时候呢？毋庸赘言，现在，美国人对日本的战争经历更为好奇，但我觉得英文写作的历史书籍质量太差……除其他剪报外，还随信附上一篇关于裕仁的书的书评，该评论广受赞誉。……您肯定知道这本书，也许也知道它的作者比克斯（Bix）先生？我想知道您对这本书有何看法？在美国，似乎没有人知道英国人对缅甸、澳大利亚人对新几内亚及相关岛屿的殖民活动，甚至不知道日本人在新加坡和马来亚沦陷时俘获了数千名俘虏。上个月，从纽约飞往罗马的飞机上，播放了一部最新电影，该电影讲述 1943 年一艘潜艇在美国和美国海军的帮助下成功截获恩格尼码的史诗。这样一部闹剧在英国或波兰会引起怎样的反响呢？除了仇外心理，如今的美国似乎已经完全丧失了对世界其他地区的好奇心、想象力以及对过往的探究。

……我现在正在卡普里独处静修，这里的天气日丽风清，一如往常，离开这里似乎有些疯狂。然而，我也很高兴再次打开纽约之门，去见见朋友们。卡普里岛寂静无声，人迹罕至，许多人认为这里的傍晚是忧郁的，我却将其归为神圣。当然，风暴、降温、降雨很快就会来袭。

但是，这些非凡的日子不会离我们而去。到现在，我在卡普里断断续续生活了 43 年，触动我的是，我于 20 世纪 50 年代初识这座岛，当时我才二十多岁，此后许多年，我注意到岛上住着许多外国人——不是"殖民群体"，全是单独个体或夫妇，他们国籍各异，有法国人、英国人、斯堪的纳维亚人、德国人，他们显然深爱卡普里多年，在战争期间甚至更早的时候就了解了它，并把它当成自己的家或另一处栖息之所。这些人都有思想、有教养，其中有些是作家或艺术家，没有名流或排外的气势，甚至没有明显的怪癖，但又与众不同，往往有自己朴素的"风

211

格"。他们有自己独特的着装方式，可能看着老气不时髦，但总是简单得体。人们想象这样的长者会一直存在。现在我意识到，我恐怕是这个部落的最后一人。他们的存在让我很有归属感，我想，不经意间，我也在延续这种存在。据我所知，现在来岛的外国人无论时间长短，都不属于这种类型。事实上，这种类型已经存在了很长时间，现在可能已经绝迹了。它散落在世界各地——埃及、波斯、印度、西西里，可能还有拉丁美洲。不是波希米亚式，不是吉卜赛式，也不是陶斯或瓦哈卡式。您懂我的意思。

当然，我现在想知道您写明治天皇一书的进展情况，以及您的下一个写作主题将是什么，说不定您已经选好了。我想说，您不动声色地，几乎以隐遁的方式从事着这项重要而急迫的工作，完成书，并选择了下一个主题，这是多么美妙啊。日本之幸，在于它的历史里有基恩先生……

说到绝迹，您知道托马西·迪·兰佩杜萨（Tomasi di Lampedusa，《豹》的作者）的那篇精彩故事吗？它的英译名有好几个，或称《教授与人鱼》（*Professor and the Mermaid*），或称《塞壬》（*The Siren*），或许还叫《莉海娅》（*Lighea*）？我认为它是多灾多难的 20 世纪下半叶写出的最迷人的作品之一，如果您没看过的话，您回来后，我会很荣幸给您一份复印件。下个月就是 2001 年，难以置信。到那时，还有很多事情要做。当然，希望来年您的行程至少能稍作调整，多在纽约、意大利待待。拭目以待。与此同时，祝愿您一切顺利。亲爱的唐纳德，将再次与您见面，真的很开心。

雪莉谨上

另：您回来的时候将举行总统就职典礼，谁的就职典礼？这个小布什真糟糕。

东京，2000年12月17日

亲爱的雪莉：

今天，邮递员送来一个信封，上面贴满了漂亮的意大利邮票。我从来没有收到过这么别致的信封。

……

我同你一样怀有对小布什的疑虑。他会像他父亲一样，不过是大工业家掌控的工具，他们一边说着"上帝保佑美国！"，一边解雇半数员工。他并没有深得人心，但日本首相也一样糟糕。

……

明治天皇传的出版工作似乎正在哥伦比亚大学出版社缓慢而稳步地推进。至少我感觉他们真的很想出版这本书。奇怪的是，尽管日译本至少有可能会出类拔萃，但它的出版似乎停滞不前。不过我并不担心。乔治·博哈特告诉我，克诺夫出版社和格罗夫（Grove）出版社拒绝了我关于帕劳的小说译稿……

我开始重读《包法利夫人》。这真是一本好书！我不知道托马西·迪·兰佩杜萨的书，等我回去后就能知道了。祝你圣诞快乐、新年快乐。

一如既往的，

唐纳德

东京，2001 年 6 月 17 日

亲爱的雪莉：

　　一直想给你写信，想了很久，以致我错觉已经写过了。最想告诉你的是，多亏了伊达·尼科莱森（Ida Nicolaisen），我在丹麦度过了愉快的时光。在你家的那天晚上，你安排我们坐在一起吃饭，我们相谈甚欢，其间我提到要去瑞典作演讲。她说，如果我去哥本哈根，她会很高兴，这就是事情的原委。她如此热情和友好，让我感觉与她一见如故。

　　斯德哥尔摩很美，但很冷。我每天都在《纽约时报》上查看斯德哥尔摩的气温，得出的结论是可能和纽约差不多，所以我没有带任何保暖衣物。抵达后才知道，我查看气温的那周天气反常，是正常冬季天气中夹杂的一周夏季。哥本哈根要暖和得多，一切进展非常顺利。

　　我在柏林逗留了两天，我 9 岁那年被父亲第一次带去柏林。对于第一次去柏林印象全无。人们都说那是一个多么令人兴奋的城市，也许他们这么说自有道理，但我并不喜欢这座城市，无疑，它与我到访的斯德哥尔摩和哥本哈根形成了鲜明的对比，我在那两个地方有朋友。此外，我在那里遇到的每个人都会说英语，然而在柏林，我谁也不认识，又不会说德语，我不过是个游客。柏林有几家不错的博物馆，最棒的是，我去了波茨坦，那里更符合我的风格。

　　回到东京已有两个多星期。我曾担心自己会感到孤独，因为我所有最亲密的朋友都去世了，但我一直忙忙碌碌，几乎没有时间沉思。本周

214

晚些时候，我将前往冲绳。一位富有想象力的电视制片人决定制作一部关于 1945 年在冲绳被抓获的日本战俘的长篇节目。我似乎是为数不多存活下来可以讲述这个故事的军官之一，我已经花了几个下午的时间与战俘的遗孀和孩子们交谈。五十多年过去了，我竟然还能记得一些事情，这让我感到诧异，但年轻的制片人却向我追问很多细节，他不明白我为什么不说得更准确些。

我正在读《战争与和平》。你还记得问过我第一次读这本书是什么时候吗？那年，我 15 岁。战争期间又读了一遍，之后就再也没看过了。当我听说比尔·马克斯韦尔临终前要别人读给他听时，我想我一定要再读一遍。我已读了一半，开始为这本书的篇幅不够长而遗憾。最近，我和解构主义者等有一些关联。就我目前的理解，我觉得他们的理论不仅枯燥乏味，而且毫不相关。我没有读过他们有关《战争与和平》的解读，也不会去读。《战争与和平》蕴含的真理震撼人心，它不需要诠释。

我一直在努力推掉 8 月份的工作安排，希望能去纽约。实际上，我还没有试图买票，时值日本旅游旺季，可能很难买到票，但是如能再次见到你，我会非常高兴。

希望你的书进展顺利。关于那位 15 世纪特立独行的将军——足利义政的连载比我预想中要难写得多。我那本关于能乐的书由志郎（Shiro）翻译成日译本，在同类书籍中很畅销。

谨致最美好的祝愿。

一如既往的，
唐纳德

罗马，2001 年 7 月 7 日

亲爱的唐纳德：

　　非常高兴收到您的来信，它带给我诸多启发（包括足利义政的存在，关于他的"特立独行"，我还想洗耳恭听），信中暗示您可能真的会在 8 月来纽约。说句喜不自禁的话，这将让我在那里的夏天及这座城市熠熠生辉。真想让梦想照进现实……您一定和我一样，对纽约夏天没有空调的噩梦般生活记忆犹新。记得那位英勇但相当业余的老太太（当时可能比我现在还年轻）策划的体育场音乐会，以及炼狱般的地铁温度。杰罗姆·大卫·塞林格（J. D. Salinger）的一个故事《抬高房梁，木匠们》（*Raise High The Roofbeam, Carpenters*）就以 1942 年纽约这样的夏天为背景，以不朽的笔触描绘了当时的氛围。好吧，我勉强承认，有些细节有所改善。

　　······

　　我想知道，您的冲绳经历有何影响。恕我平庸，不过，此次重回故地，它所唤起的回忆，肯定能写成一本书吧？目前，随着美国同意将美国军人引渡给日本法院，冲绳问题在这里（即在意大利，不过，在英国亦如此，估计在美国更是如此）引起了媒体的广泛关注。意大利人对此特别关注，因为美国拒绝让美国犯罪者在意大利受审已成为意大利的一大丑闻。美国军人当然会被他们本国的军事法庭开释，最明显的不公就是大约两年前的案件，有飞行员在意大利北部玩空中游戏，弄断了滑雪

216

缆车的缆绳，造成多人死亡。

……

比尔·麦克斯韦之所以重读《战争与和平》，起因于2000年春天，他和我应邀在哈林区（Harlem）内德·奥格曼（Ned O'Gorman）儿童图书馆举办的一场小型"慈善"晚会上朗读我们自主选择的作品。就在这之前，我在马克斯韦尔家喝茶，比尔问我要读什么。我说，一首"20世纪40年代"英国诗人写的有关维罗纳（Verona）的诗，还有《战争与和平》中的一段话。埃米去书架上取《战争与和平》，让我指给他们看这段话。（这是不朽的一两页，安德烈公爵所在的急行军正奔赴博罗季诺战役，安德烈公爵离开军队，拐进了自己那已废弃的庄园，在那里他短暂地恢复了人性和日常。那里，两个光着腿的小女孩正在杂草丛生的果园里摘李子。美好如是。）埃米随后发现，他们的《战争与和平》并不在书架上，而是在乡下住处。第二天早上，我把企鹅出版社出的罗斯玛丽·埃德蒙兹（Rosemary Edmonds）的大厚译本（我认为是迄今为止最好的英文译本）送到他们家；比尔开始读了起来。他对我说："这本书让我如此欣慰。"那时，他们的生命即将走向终点。那是3月份。到了5月下旬，对他来说，书就沉得拿不动；安娜贝尔每天下午来读书给他听。差不多一年前的一个星期六，也就是7月下旬，他读完了这本书。埃米在接下来的周一去世，比尔一周后去世。现在，周年纪念日到了。

有时，他和我会重温刚读过的场景——哦，不是"讨论"，更不是"解释"，而是表达我们的喜爱之情。尼古拉·罗斯托夫告诉父亲他在赌博中输掉了一笔钱，一笔罗斯托夫家不曾有的钱，我们谈到那一幕时都流泪了，因为它太美了。

我也是在青春期第一次读到《战争与和平》。那年我16岁，和父母住在香港，深爱着一个白俄罗斯人，他的性格很像安德烈公爵。当然，那时我并不十分关注托尔斯泰关于战争的伟大论述，而现在我对此理解得更加透彻，发现其中蕴含的真知灼见。非同寻常的是，托尔斯泰能以绝对权威的笔触描述"战略"、战斗和军旅生活，这也是他的亲身经历。除了一两个细节外，后记中，他把娜塔莎写成了一个衣着邋遢的胖女人，这令我很反感。我认为，后来他以类似的方式塑造了安娜·卡列尼娜的美貌和性格，然后把她塑造成神经质的泼妇，将其形象毁坏殆尽。不过，所幸他笔下这两位不朽的女主角未能被"摧毁"。

我从没去过德国——仅因尚未有机会。我想象波茨坦会比柏林更为耀眼。关于这一点，我也想在 8 月份听您多讲讲。斯德哥尔摩很美，我们仅去过一次。时值 8 月，无疑天气比较合适，因为我害怕漫长无光的冬天。您缺少御寒衣物的经历让我想起了您"回忆录"中关于 1942 年阿拉斯加地区因狭隘的官僚主义种种造成没有御寒制服的可怕描述……

如您所见，我正在从罗马前往纽约的途中。关于逗留在意大利的美好，心中有千言万语。是的，谢谢您，我做了很多工作。罗马从未失去它的激情，真是壮丽辉煌。在这里，我多么想念弗朗西斯。亲爱的唐纳德，致以深情厚谊，热切盼望 8 月重逢。

雪莉

宇佐美，2001 年 9 月 8 日

亲爱的雪莉：

我现在住在伊豆海岸的一处小居所，离东京大约一个半小时的车程。在日本人称之为"度假别墅"的居所里，我只有一个房间，不过可以看到大海，这点很重要。虽然这里的海无法与那不勒斯或卡普里的海媲美，但能远离东京那边不断施加给我的请求是件好事，这些请求主要由我喜欢的好人提出，内容千篇一律——作演讲、写文章、占用我一个小时的时间。有时我拒绝了，然后就会收到一封言辞凄切、充满悲伤的信，信中还抱有一线希望，希望我能松口，我当然就答应了。这让我受宠若惊，却也消耗了我的精力，让我无法专注于想做的事，比如给你写信。

……

我 7 月录制、8 月 14 日播出的电视节目取得了巨大成功。我曾多次在电视上露面，节目播出后一般又会觉得这是在无聊地浪费时间。这次的主题是我在冲绳岛战役期间与日本战俘的关系。今天，绝大多数日本人是战后出生，大多数人已经忘记了战争的意识形态，甚至忘记了战争事件。我认为，如果只是为了让日本人记住战争，这个节目可能会起到一些作用。当然，他们都知道在广岛和长崎投下的原子弹，而且每当冲绳岛上的美国士兵做错事时（不幸的是，这是常有的事），媒体都会大肆渲染。但他们不知道，有多少日本人被日本军方的宣传所蒙蔽，为

了维护荣誉从悬崖上跳下。冲绳岛战役中死者的名字赫然在目，他们或死于敌人的子弹，或被手榴弹击中胸部，实在惨不忍睹。

我一直在艰难撰写关于 15 世纪幕府将军足利义政的连载。问题是，无论我是否有灵感，每个月都必须完成一篇。我想重写一遍，这次按照自己的节奏。

我很少有时间读书，不过每天晚上会读一两章特罗洛普的小说。我觉得他的小说质量参差不齐。正在读的这本《他知道他对》（*He Knew He Was Right*）的主题非常有趣——嫉妒的丈夫和以一种最微不足道的形式坚持独立的妻子将一段婚姻破坏殆尽，但支线情节却很乏味。他可能是按页数拿稿费。特罗洛普的其他小说也有有趣的人物，有时情节具有惊人的现代感，但与狄更斯或伟大的女性小说家相比，他似乎是个二流作家。

……

一如既往的，

唐纳德

东京，2002年7月7日

亲爱的雪莉：

难以相信距离上次见到你一个多月已经过去。首先是爱尔兰和挪威之行，中途在爱丁堡停留一天。我在爱尔兰很幸运，因为有一些旧相识，如爱尔兰前驻日大使，他安排妥帖，让我每天有很多有趣的事情可做。我很高兴见到谢默斯·希尼（Seamus Heaney）。事实上，我曾在学院与他有过几面之缘，但这次我们有几个小时的时间在一起。现在我遗憾的是，没能像你能轻松做到的那样，去背诵我最喜欢的他的诗歌。也许是笼罩的友好氛围不适合背诵他的诗。我不仅读过他的诗，也读过他的评论，尤其是《诗的疗效》（*The Redress of Poetry*），我非常欣赏。

我参观了三一学院，那里的建筑给我留下了深刻印象，尤其是那座漂亮的图书馆。不过，高桌晚宴却让我有些失望，主要因为我周围都是机械工程师之类的人，他们绞尽脑汁给我讲日本的事情。

卑尔根（Bergen）是一座可爱的城市。房屋都涂上了鲜艳的颜色，在漫长的冬日，这无疑是给人们带来欢乐的一种方式。酒店里满是坐轮椅的美国人。我猜他们是来参加某种会议或同学聚会的，远离尘嚣，轻松逃至风景如画的海滨，欣赏远处白雪皑皑的群山。

这是我五十多年来第一次造访爱丁堡。记忆中，1950年的冬天，我在剑桥大学期间利用圣诞节假期，在那里待了大约一个月。之所以选择爱丁堡，是因为听说那里是欧洲最便宜的地方。当时天气异常寒冷，房间里唯一的取暖设备是一个砖头大小的电暖器，我双手交替放在上面取暖。我设法完成了《日本发现欧洲》修订版的写作，而在我记忆里，最深刻的莫过于那时的寒冷，以及早上九点天才亮、下午三点天就黑了的日子。我去过几次国家美术馆，这次故地重访。这里的藏品已大为丰富，我很享受逛着传统博物馆，置身于林林总总的画作之中。记得此前参观时见过米开朗基罗的雕塑蜡模。这次我询问了一下，可惜一位非常友好的女士却找不到这些物品的记录。也许那并非出自米开朗基罗。你是我知道的唯一可能知道的人。

……

关于东京，乏善可陈。我已举办两场讲座，离开前还将举办更多场，但我一直未能完成自己的工作。

致以最美好的祝愿。

唐纳德

东京，2002 年 11 月 12 日

亲爱的雪莉：

今早，突然意识到自打 8 月份，我们就没联系过。除非想办法让时间停止流逝，否则月份就会消失，就像老式的好莱坞电影里，用树叶从日历上掉落的方式，来喻示光阴荏苒。

我在日本的生活总体上是快乐的，最近两三个星期甚至相当快乐。首先，我得知自己获评"文化功劳者"，这个称号在日语中没有英语中听起来那么可笑。没有任何说法告诉我为何入选，我想是因为我致力于日本文化的海外广泛传播。这是非日本人第二次获此殊荣。我惊讶地发现，我在有生之年将每月领取到一笔补助金。金额虽不大，但想到我不用再为钱发愁，心里还是很高兴。

第二件好事是我的著作《明治天皇》被日本一家报纸评为上一年度最佳非虚构类作品。这当然也是乐见其成的。

昨晚，我修改好有关 15 世纪末开创日本新型文化的书稿。这本书拟于明年由哥伦比亚大学出版社出版。日文版将于 1 月出版。今天我将与编辑会面，讨论插图问题。日本人出书的速度之快总是令我吃惊。当然，他们不需要学会所有 26 个字母！

希望你的创作进展顺利。也许待到我 1 月 9 日返回纽约时，作品业已完成。

一如既往的，

唐纳德

纽约，2002 年 11 月 28 日

亲爱的唐纳德：

我刚打出上述 11 月的日期，这座城市就出现在我面前——"他们闯进来，那些重要人物"：这句话引自勃朗宁一首关于伟大艺术家爱好的美妙诗篇。这里的特定主题是但丁在《新生》中提到的，但丁开始画一个天使，正在这时，仆人（幸运的但丁）来告诉他，"一位无法却之门外的人"想见他。自然，天使消失了。……我还在快乐而充满激情地创作小说，仍希望能于 2 月底给乔纳森·加莱西（Jonathan Galassi）交稿。我不知道自己能否做到，大概能吧。

从您的来信中得知，您已完成关于 15 世纪装饰与文化的著作。您是如何做到的？您面如平湖，而胸有惊雷。一般会认为，您至少一两年可以倚仗《明治天皇》带来的荣耀（对很多人来说，则是毕生之作）。我随信附上《泰晤士报文学增刊》的精彩评论，相信您已经看到了，但多一份似乎也无伤大雅……

我看，您在日本的秋天硕果累累。世界各地的崇拜者及朋友都知道您是一名"文化功劳者"；得知您在日本得到了如此正式的认可，且这一称号还附带丰厚的奖金，真是令人欢欣鼓舞。我隐约知道，获此荣誉，又有《明治天皇》最佳非虚构类作品奖的加持，如果我用词得当的话，其仪式一定会很隆重。记得您以前在日本也获得过类似的认可。我想，要是在不同于美国的文化背景下，国家会为您庆祝这些荣

誉，并引以为豪。但在美国，这种认可往往属于摇滚明星或运动员。一个月前，我从意大利回来参加学院的董事会议，我于11月5日提前到达，以参加任期中期举行的选举，投票当晚很早就结束了。第二天一早，我就被灾难性的结果惊醒，似乎整个国家都倒向了共和党，当时我真想一溜烟跑回罗马。胜利者已在攫取战利品，对司法系统、林区、阿拉斯加荒野造成了巨大影响；小布什的支持者明目张胆地收受贿赂，无所不用其极。一项"家庭安全"法案已获通过，这将意味着所有侵犯隐私的行为都可能发生，而我们却无权上诉。与此同时，对战争的痴迷愈演愈烈，世界似乎陷入火海。请原谅我的这些想法，这只是众所周知的。这个充满矛盾的国家，其艺术、图书馆和博物馆、岌岌可危的文化，在政府和大部分选民看来无足轻重；或者说，他们毫不掩饰对它们怀有敌意。在这个最为强大的国家，文明的制度、对私有的深思、创造力以及行为准则，其建立过程何其漫长、艰难，而对它们的清除又何其残酷、迅猛。

美好的是，您1月9日将来这里。如果可以的话，我们要欢聚一堂。伊达·尼科莱森也会同一时间回来，她非常希望见到您。11月份，她短暂停留过，我们一起吃了饭。薄暮之中，我们步行前往苦艾酒馆，在那个地方驻足，我们三人曾经因您在玛雅金字塔顶上的邂逅而开怀大笑，这次，我俩又笑了个前仰后合。（您是否还记得，有个人与两三个同伴路过这里，转身微笑着对我们说："麻烦告知下你们在笑什么。"）

……

真希望能在谢默斯·希尼来学院时见到他——我当时好像不在。我非常欣赏他的诗歌和诗论，以及始终不自负、智识和情感上不妥协的"人格"。他最近坚持认为，诗歌只有出自历经苦难，比如遭受极权主义及迫害的人和文化（如东欧），才是重要的，这让我略感不安。东欧诗人给他留有深刻印象，他们的作品往往深邃而优美；更微妙的

225

是，他还说有信心通过翻译完全理解他们的作品。我不喜欢这种诗歌"意义"的概念。尽管我理解奥登的警惕之心并深有同感，但奥登坚持主张的"诗歌不会让任何事发生"又走得太远，因为我们无法保证诗歌不会使任何事情发生，即不能保证诗歌永远不会对"公共领域"有益。不过，与希尼新近提出的观点相比，我更认同奥登的这一观点。英国诗歌很少出自在公共领域受尽折磨的人之手，比如托马斯·哈代（Thomas Hardy），他怎会受此束缚？我想，希尼会回答说，我们这个（可怕的）时代呼唤不同的品质。目前，"我们的诗歌"大多缺乏伟大的品质。文学、语言、表达、写作本身，在这个机械及电子世界中似乎每况愈下，但这并不意味没有什么在向好而生，也不意味只有悲惨的经历才能激发灵感。

很久以前，我们待在瑞典，想去挪威，我想去卑尔根看看，因为曾有朋友从那儿回来后赞不绝口。……现在从您这儿得知，卑尔根是一座交织着庞贝红、赭色和蓝色的彩绘之城。我认为爱丁堡肯定不是这样。现任馆长（克利福德）极大改善了美术馆，我和他相识甚久。（他们经常来纽约，从富人那儿募集资金……）他在募集资金方面很有天赋，善于在不起眼的地方发现"具有轰动效应"的绘画和素描，并将其收购。至于蜡模，我会问问埃弗雷特·费伊，他经常去爱丁堡，肯定了解与文艺复兴时期有关的一切。（特此回复您去年 7 月的亲切来信，那封信是您在纽约之行前写的，我见到您之后回意大利才发现这封信。）我在意大利度过了安闲自在的秋日时光，大部分时候阳光普照，卡普里更是静谧恬淡。我做了很多工作，在这里一切仍在继续。然而，纽约提出了它的要求，尤其是这个圣诞节期间，我们的总统敦促我们"尽情消费"，而每天的报纸都在宣布成千上万的人被工厂和企业解雇……您看到了吗？一位直率的加拿大女官员称小布什为"低能儿"，于是不得不辞职。我想给她寄一张贺卡，我敢说她一定收到了很多贺卡。

说到我的创作，您问起是否"顺利"。虽然我乐在其中，但并非完全顺利。我的作品部分借鉴了年轻时在东方的经历，我怀着陶醉又痛苦的心情重温那段记忆。多年后，我重读那些令人心碎的日记和信件。不过，它们往往会成为创作的素材，我也希望如此。小说创作可以将最终的悲剧改写成"圆满结局"，至少预示皆大欢喜。而让生活回归正轨，在现实中是做不到的。

亲爱的唐纳德，祝您圣诞快乐、新年快乐！愿2003年伊始，万象更新。难以表达我有多么期待一个月后能见到您。

雪莉谨上

东京，2003 年 8 月 5 日

亲爱的雪莉：

我意识到自从接到你温暖的电话后，一直没有给你写信，我深以为憾。对此，我理屈词穷。没有什么能阻止我找寻错置的东西，这是我的主要工作，哪怕我的时间被分割得支离破碎，但至少可以写一封信。

7 月多雨，凉爽宜人。8 月伊始，热浪袭来，但不像今年肆虐欧洲的高温那般糟糕。我不得不三次前往大阪，9 月份还有一场演讲。乘坐快速、舒适的火车，这段旅途只需两个多小时，而 1955 年则需要七个半小时，不过疲惫之感如出一辙。每年，我都会徒劳发誓不再作讲座。7 月份的三场讲座发挥得并不好，不过日本的讲座水准偏低，这使我的讲座看起来比实际要好。或者，也许各处的讲座水平普遍不高。我尽量避免参加讲座，除非我事先知道讲座会像你做的那般出色。

我读书不多。正在缓慢而坚定地阅读一本 800 页、涉及近 150 年的墨西哥史。这实际是一部非常好的历史书籍（作者名为克劳泽，不太像墨西哥人的名字），我很喜欢它，不过，我已读到第 605 页，我认为这主要因为，一个我曾到访多次的国家，我为对其知之甚少而感到羞愧。我对墨西哥历史的了解主要来自电影：贝蒂·戴维斯（Bette Davis）饰演不幸的卡洛塔（Carlota），保罗·穆尼（Paul Muni）饰演华雷斯，华莱士·比里（Wallace Beery）饰演潘科·韦拉（Pancho Villa）。我唯一的墨西哥朋友奥克塔维奥·帕斯（Octavio Paz）是个最为了不起的人，他是真正的世界主义者，同时也是非常典型的墨西哥人。去年，我在东京参加了一个研讨会，会上，日本外交官恩里科·克劳泽（Enrico Krause）和我就奥克塔维奥轮流发言。那次研讨深深地打动了我，我想，也打动了听众。

今天，开始写我的下一本书，关于一位名为渡边华山（Kazan）的19世纪画家。[3] 我已经读了大约六个月关于他的书，但除了做笔记，一个字都没写，主要因为我还没能决定这本书应该采取什么形式来写。更重要的问题是，日本学者对渡边华山的研究如此详尽，我只好徒劳搜寻他们可能忽略的东西。用英文去呈现日本学者已知的材料是否足够？我还没有下定决心，但我知道11月我得在英国作三场关于渡边华山的讲座，所以暂时不考虑形式和原创性的问题。但如果真的要出版一整本关于渡边华山的书，这些问题重又需要思量。

我想你的书现在一定已经印好了，校样可能已经寄给了审稿人。当然，我对这本新书的前景兴奋不已，尤其因为它至少有部分内容是关于日本的。如果你告诉我确切的出版时间，我要为你干一杯香槟！

……

一如既往的，
唐纳德

另：你最近听说了比尔·韦弗的情况吗？如果他能读信，我想写信给他。

东京，2003 年 9 月 29 日

亲爱的雪莉：

今晚举行了一个不那么激动人心的会议，会上，我和一位诗人决定谁是松尾芭蕉《奥之细道》随笔奖项的获奖人。刚结束会议回来，收到《大火》一书，满怀激动打开了它。看起来很精美。你曾告诉我打算以透纳的画为封面，但当时我没有想到它可以这么美。恭喜！这注定是你献给世界的又一份绝妙的礼物，对我亦是如此。

……

我在日本的时间被分割成不完全令人满意的若干部分：在多地演讲、"对话"、阅读参赛作品（比如今天这种赛事），还有，与希望我做些事情的人各种会面。我已经写好了 11 月在英国的三篇演讲稿，这是我的一项收获。从讲座的反响或许可以判断，是否应该尝试写一本我一直在研究的 19 世纪画家的全书。当然，有趣的材料足够支撑二场讲座，也许仅此而已。换句话说，我可能选题不当。但愿不是！

我现在很遗憾夏天没有去纽约，当时工作似乎进展顺利，我相当害怕两次长途飞行。不过今年，我突然意识到自己已经 81 岁了。我并不是说我的健康状况越来越差，也不是说我有点失忆。只是我意识到自己力不从心，下一本书可能是我的最后一本书。这个被我忽视却不言自明的事实，并没有让我垂头丧气，我觉得必须利用所剩无几的时间，尽可能多去见朋友、尽情地去听音乐、重新阅读之于我最重要的书籍。

......

下周，我将在日本威尔第协会发表演讲。是的，有这样一个协会。我想，我的演讲将围绕《唐·卡洛》（*Don Carlos*）展开，这也许不是威尔第最好的歌剧，却一直是我想看或想听的。

希望你一切顺利，亲爱的雪莉，非常期待回国后见到你。

一如既往的，

唐纳德

明日香 [①]，2004 年 7 月 2 日

亲爱的雪莉：

我现在在一艘日本邮轮上，邮轮正穿越大雾，途经阿留申群岛（Aleutian Islands）前往堪察加半岛（Kamchatka）。六十一年前，我曾在岛上度过了几个月的悲惨时光，毫无疑问，途经这些岛屿时，大雾会阻止我的怀旧之情。奇怪的是，我对发生过的事、认识的人，哪怕只是萍水之交，都记得一清二楚，而我六个月前做过的事，却很难想起来……

我一直在努力研究，但读小字日文书一个小时后，我的眼睛就非常疲劳。所幸我带了几本英文书，读起来不难。温弗里德·塞巴尔德（W. G. Sebald）的《土星之环》（*The Rings of Saturn*）我已读了一半。毫无疑问，你知道这本书，就像你知道所有值得一读的书一样。他对被遗忘的破败之地的描述深深打动了我。这本书的译文堪称绝妙。真希望译者迈克尔·霍尔斯（Michael Hulse）能包揽所有德国文学作品的翻译！我的德语非常薄弱，对于仅读事实材料勉强够用，甚至也还不太够用。如果迈克尔·霍尔斯去译《浮士德》，也许能让我爱上这部从未给我带来过快乐的作品。

刚才想到你，因为塞巴尔德简短叙述战争期间克罗地亚塞族人骇人听闻地被屠杀的情况后，转而讲述了一位年轻军官的故事，那位军官后

---

① 译者注：此处指"明日香"号邮轮。

来出色地担任了联合国秘书长。万一你没看过《土星之环》，去看看，我想你会从塞巴尔德那儿找到精神的共鸣。

我已经在明日香停留了大约两周。大部分时间是在阿拉斯加度过的，从一个小港口到另一个。这里的景色非常壮观，有白雪皑皑的大山、浸入大海的冰川。小镇风光看起来酷似好莱坞描绘的狂野西部……但只要抬头，无论朝哪个方向，都能看到高山环绕着平淡无奇的小镇。

船上去过堪察加半岛的人告诉我，那里没什么可看，也没什么可买。我记得 18 世纪对堪察加半岛的描述，据说当时唯一丰富的商品就是伏特加。我还记得契诃夫写的游记。只要堪察加半岛足够阴郁，我就不会失望！

我将于 7 月 11 日返回东京。这封信可能会从堪察加寄出，有人提醒说，不要指望堪察加邮局会有多快速度，信件可能需要六个月才能到达目的地。但我情不自禁地希望能寄去贴有俄罗斯邮票的信让你惊喜，或许可证明，上面的俄文一经翻译，该信肯定会以惊人的速度冲向目的地。

希望你新小说的相关工作进展正合你意。也许此时你已得知凭借《大火》是否获得英国的奖项。每一个奖项和赞誉都是你应得的，只是希望这不会耽误你的创作。由于视力不佳，我的新工作进展缓慢，但我其他方面都很好，精神状态也不错，所以毫无疑问，我很快就会开始真正的写作。

……

致以最美好的祝愿，亲爱的雪莉。我到日本再给你写信。

一如既往的，
唐纳德

那不勒斯，2004 年 10 月 8 日

亲爱的唐纳德：

来到这里，欣喜看到您从明日香寄来的信。我已经很久没有收到来自船上的信了，甚至不认识谁乘坐了我们过去说的"邮轮"。您开篇写到，顺利穿过浓雾，行驶在六十一年前的海岛风景中，这让我想起奥登在 20 世纪 30 年代创作的长诗《致拜伦勋爵的信》第四部分开头——这是对拜伦《唐璜》精彩而诙谐的"解读"，而且（如拜伦的《唐璜》）不完全采用意大利八行诗诗体。如果您还不知道奥登的这首诗，1 月份我给您介绍它；届时将是 2005 年，可能有的受了。大选迫在眉睫，还有三周就要开始，恐惧担忧、悬念重重之感笼罩着世界。意大利长期以来对美国政策的纵容日渐减少，现在似乎一致感到恐惧：如果我在这里还没有遇到过一个人说小布什的好话，那可能只是因为我未能有幸认识贝卢斯科尼（Berlusconi）。

读到您说的视疲劳，很是难过。"像我们这样"的人，眼睛不仅为了享受和工作，也为感受自己真正活着。……是的，我确实知道塞巴尔德的作品。他的文字如此真实，让我想起了米沃什（Milosz）。我读他的第一本书《移民》（Emigrants），如痴如醉。如您所说，译者迈克尔·霍尔斯出类拔萃。我几乎不懂德语，弗朗西斯会说德语，他总是声称自己将德语忘得一干二净，但总能在我需要时及时提示我，并对我大加赞扬。每当我聆听《魔笛》时，都会说服自己要去学德语，然后这个

想法又会消失。真想拜迈克尔·霍尔斯为师……

塞巴尔德的死是一场没来由的意外，是上苍冷漠又疏忽的佐证。邪恶的政治人物毫发无损地活了下来，而人们深爱的朋友、敬仰的英雄却英年早逝。

能看到阿拉斯加的冰川浸入海面，那是多么美妙的事情，我羡慕您的经历。但我的时间，或者说我对时间的期待，迫使我在这些日子里作出选择，我宁愿回到威尼斯。实际上，我希望圣诞节和新年期间，在威尼斯冰冷潟湖上的托切罗岛（Torcello）待上十天，那里的奇普里亚尼酒店（Cipriani）有六间客房和一家精致的小餐厅在节假日期间开放。只有这样，我才有希望避开纽约的圣诞节，带着我的新工作，实现真正意义上的"逃离"。我可以乘坐纽约直飞威尼斯的航班，离开威尼斯后，在罗马逗留几天，然后再返回。这的确是一次隐遁。身未动，心已归家。与堪察加半岛之旅迥然不同，契科夫可能会为之喝彩。

期待您信上的俄罗斯邮票，令我感到高兴的是，日本邮票上用英语写着"国际写信周"，粉红色的花朵让我想起了卡普里随处可采的小仙客来（在这个温暖而晴朗的 10 月，非常美丽），还想起您从日本带给我的盘子，纪念我们在阿纳卡普里（Anacapri）度过的时光。

亲爱的唐纳德，感谢您对《大火》的热情评价。我既没有赢得英国的柑橘文学奖，也没有获得布克奖，不过我并没有什么不满，无论如何，我都是幸运的。我作为柑橘文学奖入围者待在伦敦时，获得了澳大利亚颁发的丰厚奖金，若非如此，这场筋疲力尽的旅行无论如何都不可能成行。不过，"他们"希望我 6 月份去一趟，作为后续活动，我心存感激，却又担心要耗费如此多的时间和精力，而我很想继续新的创作。与此同时，有人邀请我参加明年 3 月的香港文学节（一周在香港、上海和北京分别待几天），我可能会接受邀请。这也会让我疲惫不堪，且百感交集。我自主选择，从未回过亚洲。现在我的小说已经写完了，我觉得这次可以去一趟。一切肯定皆面目全非，这也许值得庆幸。但是，既然一切都为我安排妥当，不去似乎也说不过去。考虑香港的前景，香港文学节的主办方非常希望能言善辩的作家参加，面对最近的苛责，强调他们是世界舆论之窗。

我还不会去日本，我想，3月份您不会在那里吧？

这封信算是我对"写信周"的参与，我担心，它可能给您正在恢复的视力添乱。我现在在波西利波家里，傍晚时分，夜色温和，万籁俱寂，只有这支笔在沙沙划动。本月20日，是弗朗西斯去世十周年的日子。我们熟悉的房间里，他无处不在，却又无迹可寻。熟悉的书、桌子、盘子，熟悉的维苏威火山，物是而人非。这种失去与不在场，是多么顽固。奥登（又一次）写道，人类因知道自身的死亡而倍感痛苦，动物和自然则无须反思。莎士比亚的十四行诗也充满了这种反思，还有济慈……

我11月7日回纽约，立刻奔赴与书有关的活动——芝加哥、得克萨斯、卡托纳……但是，我想，缓缓；还有托切罗……您回来后我们能一起在学院吃饭吗？希望可以。谢谢您如此珍贵的来信。衷心祝愿您的新作品进展顺利——也许现在已接近尾声？一如往常问候志郎。致以深情厚谊。

雪莉

另：我想知道，日语是否有第二人称的亲密称呼形式？还是这也要结合语境？

东京，2005 年 7 月 10 日

亲爱的雪莉：

　　我猜你现在已经回到纽约了。这一念头让我真希望自己没有决定 8 月份留在日本。也许我还会改变主意，但我一直在拼命奔忙的事，在这里更容易完成。对我而言，一次新的经历是为有关画家渡边华山的新书收集所有插图。我现在有了大部分所需的彩色幻灯片，还没有获得全部许可。此外，听说透明胶片比幻灯片的复制效果更好。我不知道两者之间有什么区别，但我不愿意从头再来一遍，去用透明胶片代替幻灯片。尽管如此，如果一切顺利的话，这本书应该会很吸引人，它将是第一本用欧洲语言介绍一位日本重要画家的书。

　　看得出你仍在为堆积如山的信件而苦恼，但也许在卡普里较为安静的环境中，你能处理掉那些紧急信件。我目前的情况恰恰相反。我渴望收到编辑、博物馆人员、潜在的资金捐赠者等的来信，为了克制自己的急躁情绪，通常我会告诉自己，这些人还有其他事情要做，而不是来安抚我的情绪。虽然 6 月的挪威和冰岛山上仍有积雪，平地也偶有白雪覆盖，但向北的航行还是令人神清气爽的。冰岛起初让人大失所望。由于岛上火山众多，大部分地方（至少我目之所及）都被熔岩覆盖。从酒店窗户望去，景色一片荒凉。这家酒店的吸引之处在于附近有一个温泉，形成了一个相当大的湖。在寒冷中瑟瑟发抖，直至泡入温暖的泉水，在那里可以眺望让温泉得以形成的火山。这对你来说可能没有什么吸引

力，但对日本人来说，这本身就是天堂。

冰岛人尤为热情好客。要是有人向店主问路，店主很可能会陪着这个人至少走上一段路。就在我前往纽约的飞机起飞前，我在机场买了一本哈尔多尔·拉克斯内斯（Halldor Laxness）写的《独立的人们》（*Independent People*）。记得他多年前获得过诺贝尔文学奖，但我只字未读。这本书不是我偏爱的那种。书中对羊着墨较多，对农民小屋的内部描写也很生动。无论我喜欢与否，这绝对是一部重要作品。我还没有读完这本书，但兴致来时，我会读几章。

我还在读理查德·吉尔曼（Richard Gilman）写的《颓废》（*Decadence*）一书。也许你已经读过。你什么书都读过。万一没有，它会是你喜欢的那种书。吉尔曼追溯了颓废这个词在许多国家的含义和用法。没有脚注说明吉尔曼的资料来源，这让我有些沮丧，但我对他很有信心。

现在是雨季。大多数人不喜欢雨季，不过雨季相对凉爽，总要好过夏日的酷热。今天下午我要去看能剧。这是我一周内第三次去。这不是计划内的，只是碰巧某个熟人或演员给了一张票。昨晚的演出特别感人，演出在烛光中进行。高潮部分是鬼魂的出场。他花了十多分钟，走了约二十码（18.288 米）长的距离。不仅速度极慢，而且还伴有能乐刺耳的笛声，这一切均表明鬼魂回到这个世界是多么困难重重、痛苦不堪。

希望不管你身处何方，都能享受工作及友情带来的快乐。

一如既往的美好祝福。

唐纳德

明信片，纽约，2005年12月7日

（要命的 12 月 7 日[①]……）

亲爱的唐纳德：

　　似乎我们已经很久没有联系了。寄去对圣诞和充满未知的新年的祝福，也是为了表达对您 1 月 10 日的到来的期待，如有可能，盼望尽快重逢。届时，我本人也将从威尼斯和托切罗返回纽约，我将厚着脸皮回到那里过圣诞和新年。我们有很多话题可以分享，比如您的新书、我们各自的旅行，纽约非常寒冷、无比繁忙。这里有丰富多彩的展览，我们的朋友队伍似乎也在发展壮大。我度过了美好的时光，也意识到自己非常幸运（在此我做了一个"邪恶之眼"的手势……），不过，很高兴能在新年返回纽约的途中再次见到罗马。致以所有美好的祝愿和深情厚谊。

雪莉谨上

---

① 译者注：12 月 7 日为珍珠港事件纪念日。

东京，2006 年 7 月 26 日

亲爱的雪莉：

　　……

　　继上次见面后，我又一次登上了日本邮轮"明日香"号。这次，我从纽约起飞，途经阿姆斯特丹，在爱沙尼亚的塔林（Tallinn）登船。从机场乘坐出租车的那段路可能是对塔林最糟糕的展示。那里都是苏维埃风格的灰色混凝土建筑，弥漫着苏联旧世界特有的阴郁气氛。除此之外，令人不能容忍的是，出租车司机竟然多收了我的车费。我觉得自己选择塔林作为"明日香"的登船点是一个严重的错误。不过，从酒店的窗户望去，可以看到一座教堂的尖塔，虽然一夜的飞行让我筋疲力尽，我还是决定前往教堂。我散着步，尖塔映入眼帘，我穿过古城巨大的塔楼状城墙。一进城墙里，是一个完全不同的迷人世界。我想，由于贫穷，人们无法为了便利和现代化而对建筑进行修缮，但走在几乎和威尼斯一样寂静的街道上，心旷神怡。当然，这里有游客，也有出售给游客琥珀首饰和羊毛帽子的商店，不过，建筑不会说谎。两天后，我满心遗憾地离开了那里。

　　接下来，"明日香"号去了圣彼得堡。20 世纪 60 年代，我曾短暂造访过那里，那时，它使用的是列宁格勒这一旧名。虽然似乎没有什么新建筑，但这里已经面目全非。这座城市是一个奇迹。我不记得你是否去过。没有的话，值得专门去一趟。冬宫无论作为一座建筑，还是作为

令人难以置信的绘画收藏馆，都让人叹为观止。

　　······

　　对我来说，登上"明日香"号，旅程在魁北克即告结束，但对其他乘客来说并没有结束，他们参加环球航行。之前我去过一次魁北克，深感失望，但这次我对加拿大的这座法语城市非常满意。我想，酒店的选择让一切大不相同。第一次去觉得沉闷乏味，这次却心情愉悦。

　　我从魁北克飞往纽约，待了几天后又飞往东京。在这里，我重新开始了生活，与纽约完全不同的生活。我已经厌倦了演讲，而我的停留才刚刚开始。我正在一家日本报纸上发表自传。报社编辑第一次找到我时，我说我已经出版过两次自传了，不确定能否找到新的信息。她很客气地说，前两本自传是以书籍的形式出版的，最多也就卖出一万册，但报纸的读者数以百万计。我本来对成功不抱太大希望，但这系列文章（每周六刊发一篇）引起了高度关注。写起来非常容易，以至于我怀疑它质量不够好，但84岁时能有这样的经历，也是令人愉快的。

　　希望你一切顺利，希望你能有时间创作新书。如果时间允许的话，我很高兴能收到你的来信。

一如既往的，

唐纳德

纽约，2006年12月19日

亲爱的唐纳德：

现在是午夜时分，我正在收拾行李，准备明天启程去罗马，然后去那不勒斯和卡普里；1月13日返回纽约。非常期待届时能见到您，我们可以促膝长谈，还想了解您的新作进展如何。我将带着自己的论文和一两本合口味的书去意大利，我的工作不断被各种恳请、要求、任务中断，我希望能将工作恢复起来。我开始觉得，（对我来说）粗暴拒绝是唯一的解决办法……

纽约因圣诞节的喧嚣而乱成一团。我喜欢见友人、听音乐，但如蜂窝般的疯狂氛围让人心烦意乱。除此之外，我个人一切都好，虽然这个世界生了病。期待后天看到出现在黎明中的意大利。

若能如我所愿，您出席17日的学院会议，我们有机会坐在一起吗？再次见到您将是多么美好的事情。

请原谅我的沉默，对您的亲切来信致以最衷心的谢意。致以深情厚谊。

雪莉

东京，2007 年 8 月 14 日

亲爱的雪莉：

很久没有你的消息（也很久没有给你写信了）。自从我出了点状况后，似乎失去了对时间的感觉。德兰（Deland）医生说"六周后再来"时，感觉时间有点无穷无尽，但不知不觉就过去了。在规定的六周后，石膏给拆除了，取而代之的是一个更重的石膏。这次，我被告知五周后再来。最后，我决定去日本。我的一本新书即将出版，我到现场会更有助于宣传。我又去看了德兰医生，这次他说可以用活动靴代替石膏。

到达东京后，我去了一家很好的医院，在那里，我的脚再次接受 X 射线检查。我被告知一个月后来复查。8 月 8 日，我去看医生。他告诉我，骨头还没有愈合。他说："这将是一个漫长的过程。"不过，他也说，我不需要再穿活动靴了，应该正常做我的日常工作，不用太担心脚的问题。这就是我目前的情况。

事故已经过去四个月了。回想起来，那似乎是一段迷离恍惚、相当压抑的日子。但我逐渐意识到，我是幸运的。著名的日语翻译爱德华·赛登施蒂克（Edward Seidensticker）几乎在同一时间在东京下楼梯时发生了类似的事故。他跌倒时撞伤了头部，四个月后仍未恢复知觉。这种情况也可能发生在我身上。我很幸运，因为志郎尽心尽力为我提供食物和其他一切所需。尽管我可以雇个人，但我无法想象，如果不是志郎的无微不至，我将如何生存下去。

还有另一个幸运之处。我的腿还打着石膏的时候，我一直在翻阅自己的读书笔记。现在我清醒认识到，如果我过着正常的生活，交朋友、听音乐会、参观博物馆等，我不可能有这番收获。现在我有足够的材料来写一本关于战时和战后日本作家的书。问题是，我还没有想好如何使用这些材料，这本书应该采用什么样的结构。这些问题肯定最终会迎刃而解。

　　今年夏天，东京非常炎热，但在东京，炎热的夏天不足为奇。因为伤情的持续影响，我不得不静养，我发现自己可以在空调房里愉快地工作，好些天不用出门。毫无疑问，等我脚伤痊愈后，我的感受会有所不同。

　　我还没能完全与世隔绝。按官方说法，明年是《源氏物语》创作以来的第一千年，筹备工作业已开始。今天，有两个人来同我确认能否在11月举办讲座，还有一个人打来电话问询12月的讲座事宜。我并不喜欢这些讲座。《源氏物语》固然值得纪念，不过，这些活动的目的可能是为了吸引更多游客前往京都。

　　在当下的生活中，我最为怀念的就是谈话。我多么希望能与你交谈！我在这里有很多朋友，很感谢他们对我的莫大帮助，但我很怀念与老朋友们一起谈天说地的乐趣，去谈论那些关乎我们的重要事情。

　　希望你一切安好，工作进展顺遂无虞。我将于1月10日回纽约。期盼届时你也在。

一如既往的，

唐纳德

东京，2007年10月21日

亲爱的雪莉：

8月给你写信时，我说我们已经很久没有联系了。现在又过去了两个月，你这边音讯全无。希望你一切都好，希望你没有写信只是因为没有时间。

……

我已经开始写一本新书，是关于战争年代日本作家的日记。[4]我认识其中几位作家，其中一位还非常熟悉。因此，当我发现他对战争终于来临，结束长期的紧张局势，一扫英美文化的阴云，表示出一种解脱甚至喜悦时，我感到非常震惊。现在，亚洲的灿烂阳光将普照大地。另一个人，安静、风趣，看起来好像毕生都在研究《项迪传》(*Tristram Shandy*)，他透露说，他的大英雄是希特勒。当然，他并不知道我们所知道的希特勒的罪行，但执意如此。

这些并非唯一的声音。东京大学的一位法语教授用法语写日记，这样警察就看不懂，在日记中，他对军国主义者将他们的国家卷入可怕的战争深表失望。另一位日记作者痛斥其同胞对周遭的无动于衷，将他们对战俘的残忍与日本的敌对方所表现的正派进行了对比。

我仍然不知道该如何呈现这些新的认知。也许它给其他人带来的兴奋之感远不及给我带来的，但我总能回到所经历的四年战争岁月，它与我生命中的任何其他时期都大不相同。

我甚至不知道你现在身处何方，但我会把这封信寄到纽约，希望你能收到。

一如既往的，

唐纳德

东京，2008 年 7 月 21 日

亲爱的雪莉：

　　我到日本很快就一个月了。我都做了些什么呢？抵达的第二天，我不得不参加爱尔兰大使馆为一位爱尔兰朋友举办的聚会，这位朋友最近出版了一卷中世纪日本诗歌译集。当然，我欣然前往，不过，我在这种场合的演讲并不是最激动人心的。第二天，我与一位著名的歌舞伎演员进行了对话。虽然我睡意沉沉，但还是很开心。我每天都有事情要做。大多数活动在某种程度上是令人愉快的，但我发现自己很难专注工作，甚至连写信都很困难。

　　最耗时的活动还在后面。我可能向你提过，今年将举行《源氏物语》问世一千周年纪念活动。我应邀在日本各地就这部作品开展讲座。我曾试图拒绝，强调自己年事已高，但当我拒绝时，邀我作讲座的人几乎总是很不高兴，就这样，迟早我会被说服。我从来没有学会如何说"不"。

　　尽管我沉默不语，但时常想起你，不知道你受的伤是否痊愈。9 月我可能要去威尼斯，不过一切都很渺茫。有一个基金会，据说在圣乔治（San Giorgio）岛上有一座自己的大楼，邀请了我和其他十几个人。他们希望我作一个关于《源氏物语》的讲座，时间不超过 30 分钟。这似乎很容易，但是（如果我在意大利没有其他事情要办的话），邀请一个人千里迢迢从日本过来，讲上 30 分钟，其中可能还包括 10 分钟的开场

白，这就相当奇怪了。当然，我（以及其他人）在意大利还有很多事情要做。巧合的是，同一时间在莱切（Lecce）将有一个日本学者聚会。我没有被邀请，可能是因为别人觉得我太老了。几年前，我曾在莱切这座城市待过一天，要是能在那里度过一段时间，那将是一件令人愉快的事情。

非常希望能在意大利见到你。我从 9 月 10 日至 17 日大概能有一周自己的时间。

致以最美好的祝福，亲爱的雪莉。

一如既往的，

唐纳德

致　谢

　　有关本书的工作，我得到了澳大利亚研究委员会发现项目基金（DP230101797）的支持，以及悉尼新南威尔士大学艺术与设计学院传媒艺术学系给予的学术休假支持。

　　我要感谢珍妮弗·克鲁对该项目的热情支持，感谢哥伦比亚大学出版社的编辑和制作团队对手稿无可挑剔的工作。最后，要郑重感谢唐纳德·基恩的遗产管理人允许我出版基恩的书信，感谢纽约社会图书馆的受托人允许我出版哈扎德的书信。

注　释

资料来源

对于已发表的资料来源，我在首次出现的注释里提供了完整出处，随后的参考文献则提供简式出处。注释提供了书中使用的已出版和未出版资料的完整书目。

雪莉·哈扎德和唐纳德·基恩的通信收藏于纽约哥伦比亚大学图书馆珍本和手稿部雪莉·哈扎德文件（1920—2016）中。

序　言

1. Donald Keene, "In Memoriam: Ivan Morris, 1925—1965," *Monumenta Nipponica*（Winter 1976）: 416.

2. Donald Keene, *Meeting with Japan*（Tokyo: Gakusiesha, 1978）, I.

3. 哈扎德给基恩的信，1980 年 12 月 29 日。

4. Donald Keene, *On Familiar Terms: A Journey Across Cultures*（New York: Kodansha, 1994）, 132.

5. Jan Garrett, "The Transits of Hazzard," *Look and Listen*（November 1984）: 39.

6. Trish Evans, "Shirley's 'Transit' Is a Rare Event," *Weekend*

Australian, November 29—30, 1980, 13.

7. Lucy Latané Gordan and T. M. Pasca, "Shirley Hazzard: Back to Basics," *Wilson Library Bulletin* 65 no. 3 (November 1980) : 45.

8. Shirley Hazzard, "Bread and Circuses: Thought and Language in Decline," *Sydney Papers* 9 no.4 (1997) : 28.

9. 2012 年 9 月 7 日，在纽约社会图书馆，杰伊·帕里尼在名为"雪莉·哈扎德：文学偶像"的小组讨论会上发言。https://www.nysoclib. org/events/shirley-hazzard-literary-icon.

10. Michael Hofmann, "Citizen of Nowhere," *Times Literary Supplement*, January 20, 2012, https://www.the-tls.co.uk/articles/shirley-hazzard-brigitta-olubas-book-review-michael-hofmann/.

11. 雪莉·哈扎德给伊丽莎白·哈罗尔的信，1980 年 3 月 9 日，伊丽莎白·哈罗尔文件（1937—2005），澳大利亚国家图书馆藏。

12. Timothy Duffy, "The Gender of Letters," *New England Quarterly* 69 no. 1 (1996) : 92.

13. Shirley Hazzard, "Lives Well Lived: Francis Steegmuller: Our Reading List," *New York Times*, January 1, 1995.

14. Roland Barthes, "Réquichot and His Body," in *The Responsibility of Forms* (Oxford: Blackwell, 1985) , 230.

15. Jamie Katz, "Sensei and Sensibility," *Columbia College Today* (Winter 2011—2012) : 30.

16. Katz, "Sensei and Sensibility," 30.

17. Donald Keene, "Living in Two Countries," in *The Blue-Eyed Tarōkaja: A Donald Keene Anthology*, ed. J. Thomas Rimer (New York: Columbia University Press, 1996) , 284.

18. Donald Keene, "The New Generation of American Japanologists," in *The Blue-Eyed Tarōkaja: A Donald Keene Anthology*, ed. J. Thomas Rimer

(New York: Columbia University Press, 1996) , 80.

19. Keene, *On Familiar Terms*, 33.

20. Keene, *On Familiar Terms*, 193.

21. Donald Keene, *Chronicles of My Life: An American in the Heart of Japan* (New York: Columbia University Press, 2008) , 24.

22. Keene, *Chronicles of My Life*, 22, 23, 36.

23. Keene, *On Familiar Terms*, 23.

24. Katz, "Sensei and Sensibility," 32.

25. Keene, *On Familiar Terms*, 23—24.

26. Donald Keene "The Eroica Symphony," in *The Blue-Eyed Tarōkaja: A Donald Keene Anthology*, ed. J. Thomas Rimer (New York: Columbia University Press, 1996) , 13.

27. Keene, "The Eroica Symphony," 15.

28. Donald Keene, *Emperor of Japan: Meiji and His World, 1852—1912* (New York: Columbia University Press, 2002) , xiii.

29. Donald Keene, *Yoshimasa and the Silver Pavilion: The Creation of the Soul of Japan* (New York: Columbia University Press, 2003) , 166.

30. Keene, *Yoshimasa and the Silver Pavilion*, 9.

31. Keene, *On Familiar Terms*, 236.

32. Donald Keene, "Introduction," in Mishima Yukio, *Five Modern Nō Plays*, trans. Donald Keene (Tokyo: Charles E Tuttle Company, 1957) , xi.

33. Keene, *On Familiar Terms*, 83.

34. Keene, *On Familiar Terms*, 273.

35. Keene, *On Familiar Terms*, 84.

36. Keene, *On Familiar Terms*, 95.

37. Keene, *On Familiar Terms*, 89—90.

38. Katz, "Sensei and Sensibility," 30.

39. Katz, "Sensei and Sensibility," 33.

40. Donald Keene, *Travellers of a Hundred Ages: The Japanese as Revealed Through 1,000 Years of Diaries*（New York: Henry Holt, 1989）; Donald Keene, *Modern Japanese Diaries: The Japanese at Home and Abroad as Revealed Through Their Diaries*（New York: Henry Holt, 1995）.

41. Martin Collcutt, "Review of *Travellers of a Hundred Ages: The Japanese as Revealed Through 1,000 Years of Diaries*" Monumenta Nipponica 45 no.3（Autumn 1990）: 357.

42. Donald Keene, *So Lovely a Country Will Never Perish: Wartime Diaries of Japanese Writers*（New York: Columbia University Press, 2010）, 5.

43. Keene, *So Lovely a Country*, 6.

44. Keene, *So Lovely a Country*, 4—5.

45. David Pilling, "Lunch with the FT: Donald Keene," *Financial Times* October 28, 2011. https://www.ft.com/content/9a0ebac8-00f5-11e1-8590-00144feabdc0.

46.高见顺，1945 年 3 月 13 日的日记，引自 Keene, *So Lovely a Country*, 80。

47. Pilling, "Lunch with the FT."

48. Pilling, "Lunch with the FT."

49. Ken Moritsugu, "Scholar of Japan," *Business Insider*, December 30, 2015, n.p.

50. 引自 Ben Dooley, "Donald Keene, Famed Translator of Japanese Literature, Dies at 96," *New York Times*, February 24, 2019, D6。

1. 1977 年—1986 年

1. Donald Keene, "The Barren Years: Japanese War Literature," *Monumenta Nipponica* 33, no.1（Spring 1978）: 67—112.

2. 埃迪塔·莫里斯是伊万·莫里斯的母亲。

3. 安娜莉塔·马尔西利·亚历山大在伊万·莫里斯去世时已与其订婚。

4. Donald Keene, *Meeting with Japan*（Tokyo: Gakuseisha, 1978）.

5. 三岛由纪夫是 20 世纪最重要的小说家之一，因其作品范围广、质量高，也因他切腹自杀而死，在日本和国际上广为人知。他是基恩的好朋友，基恩翻译了三岛由纪夫的一些作品。

6. Donald Keene, *Dawn to the West*（New York: Holt, Rhinehart and Winston, 1984）.

7. 基恩在他的两本回忆录中都提到了这次邀请：*On Familiar Terms: A Journey Across Cultures*（New York: Kodansha International, 1994），以及 *Chronicles of My Life: An American in the Heart of Japan*（New York: Columbia University Press, 2008）。在第一本回忆录中，他评论说，他认为邀请背后蕴藏的意图是"让报纸更加国际化"。Donald Keene, *On Familiar Terms: A Journey Across Cultures*（New York: Kodansha International, 1994），275.

8. 哈扎德应邀为澳大利亚广播委员会举办了享有盛誉的年度"博耶讲座"。

9. 哈扎德于 20 世纪 50 年代初曾在联合国工作，她发表过多篇批评联合国的文章。1980 年，她发表了一篇文章，暗示时任秘书长的库尔特·瓦尔德海姆伪造了他的战时记录，以掩盖他与纳粹的关系。1986 年，瓦尔德海姆试图竞选奥地利总统时，这一事件被更广泛地报道出来。布里吉塔·奥卢巴斯对此有更全面的描述，*Shirley Hazzard: A Writing Life*（New York: Farrar, Straus & Giroux, 2022）。

10. 莉莉·阿普里莱（Lily Aprile）是哈扎德住在那不勒斯的一位长期密友。基恩每次去拜访哈扎德时都会见到她。

11. 使用这个词的是约瑟夫·斯大林，而不是阿道夫·希特勒。

2. 1987 年—1996 年

1. Donald Keene, *Travelers of a Hundred Ages*（New York: Henry Holt, 1989）.

2. 哈扎德的朋友、那不勒斯历史学家卡洛·奈特（Carlo Knight）。

3. 那不勒斯历史学家卡洛·奈特是哈扎德的好朋友。时值他的女儿埃拉结婚。

4. 哈扎德于 1989 年发表了两篇关于瓦尔德海姆的文章："Reflections: Breaking Faith," in the *New Yorker*, September 25, 63—99, and in the *New Yorker* of October 2, 74—96。这些文章之后经扩充出版成书，名为 *Countenance of Truth: The United Nations and the Waldheim Case*（New York: Viking, 1990）。

5. Kōbō Abe, *Three Plays*, trans. Donald Keene（New York: Columbia University Press, 1993）.

6. 弗朗西斯·斯蒂格马勒于 1994 年 10 月 20 日去世。

7. 明信片上是弗兰斯·波斯特（Frans Post）的画作《巴西风景与工人之家》（局部），1655 年。

3. 1997 年—2008 年

1. Makoto Oda, *The Breaking Jewel,* trans. Donald Keene（New York: Columbia University Press, 2003）.

2. Donald Keene, *Yoshimasa and the Silver Pavilion: The Creation of the Soul of Japan*（New York: Columbia University Press, 2003）.

3. Donald Keene, *Frog in the Well: Portraits of Japan by Watanabe Kazan 1793—1841*（New York: Columbia University Press, 2006）.

4. Donald Keene, *So Lovely a Country Will Never Perish: Wartime Diaries of Japanese Writers* (New York: Columbia University Press, 2010).

译 后 记

原本对雪莉·哈扎德与唐纳德·基恩这两位作家并不了解，因翻译这本书信集，与他们的文字朝夕相处、日夜惦念。在他们带给彼此的音讯中穿梭，仿佛紧随他们的脚步，奔波于纽约、东京、卡普里和那不勒斯，这几个他们生前常年穿行、旅居的地方。在文字的切换中，我被拖拽进旧日的时光，见证他们书信往来的三十年。

译书伊始，会忍不住以世俗的眼光、情感保守的心态去打量两位作家之间的这种交流方式。信中那些重峦叠嶂的思念、真挚的祝福、深情厚谊，会不会仅是西方信件格式的标准套话？随着翻译的推进，品读一封封信件，力透纸背、纸短情长，犹如翻阅一年又一年荏苒的光阴、轻触逝水的流年。默默旁观，两人年龄增长，友谊依旧。在时光的镜子中，终于看清了他们的模样，他们无话不谈，是因为从写作生涯到对文化艺术的热爱，乃至他们的世界观、人生观、价值观都高度契合。

珍惜时间的他们毫不吝惜时间与对方通信，"夜色温和，万籁俱寂，只有这支笔在沙沙划动"。纸笔之间传递出向往的生活一种。书信中，这两个性情中人或是鼓励对方的创作，或是讲述旅行的见闻，或是品评作家、书籍、音乐、展览等，呈现的或是博闻广识、相互欣赏，或是嬉笑怒骂、不无嘲讽，或是针砭时弊、表达忧虑，或是物是人非、迷茫彷徨。他们的对话跨越千山万水，碰撞出的是思想的火花，折射出的是丰盈的心灵。第二次世界大战对基恩和雪莉都产生了影响，战争的伤痛是一个无法抹去的印记，甚至困扰了他们一生。书信中，战争成为他们常谈及的话题，在一封信中，基恩坦言他的痛苦发现，他曾围绕因战争出现的版画、诗歌、歌曲、戏剧等艺术形式，写过一篇关于中日甲午战争对日本文化影响的长文。三十年后，他了解到旅顺大屠杀的残酷细节，才发现，他并没有将更接近历史的东西揭示出来。他说自己回忆起多年前曾写过这场战争，觉得有义务重新审视战争、记录描述出事实真相。基恩心中的几分懊丧跃然纸上。作为一名已颇具声望的人物，他的这种心情变化令我动容。我理解一位学者在象牙塔里发现学术的快乐，而在知道真相后，他愿意揭掉自己曾不自觉地给战争蒙上的面纱，这让我看到了他身上的勇气与社会责任感。也正是通过书信这种个体化的写作，更让人真实地感受到，思想的转变其历经的过程何其漫长！

战争给他们带来警醒。他们以一种无根的世界主义对抗狂热的民族主义。不仅如此，他们还充满了深切的人文关怀，抗拒鄙陋的物质欲望，反对"粗暴、模糊但有组织的炫富"。比如，对于破坏古城的房地产开发行为，雪莉一针见血，直指"只要有充足的资金，没有官员道德，'城市发展'的一切最疯狂的幻想都可以实现"。认为房地产残酷的开发终将给子孙后代套上沉重的枷锁。这封信，写于1988年。历史鉴照未来，多年前，他们的真知灼见，现在看来一语中的。在时代的变迁、城市的发展中，我们未尝没有类似的惶惑，在世界变与不变的张力中，感受到挥之不去的乡愁。

不是所有的书信都能收获这样的坦诚，也不是所有的相遇都能收获这样的一见如故、惺惺相惜。这是两名通信作家之幸，而触及言说的魔力，感受文字的力量，这也是译者之幸。见字如面，这"面"是两位作家各自的漫漫人生路，有孤独与彷徨，有勤奋与奔忙，是他们丰富的精神世界、他们之间美好可贵的友谊；这"面"是那几十年的时代风貌，世界大事、风云变幻、不断消逝的人和事，是超越时代、亘古不变又殊路同归的命运与人生；这"面"也是阅读中激荡出的思想和情感共鸣，在聆听两人对话时，感受悲欢离合，终究照见的是自己的心灵。

在翻译过程中，我力求信件译文简洁，注意用词的美感，以传达两位作家精湛的写作水平。考虑到基恩比雪莉年长近十岁，在信中，使用"你""您"称呼彼此，既符合人物的实际情况，也便于区分语气，体现人物性格不一。书信集按照时间跨度分为三部分，个人觉得恰到好处，仿佛生命旅程的三个阶段：青春、中年和老年，这三部分传递给我的文字节奏感各有不同，从活泼到成熟，再到最后确实有点暮年沉沉，节奏趋于缓慢。从结构上看，这未尝不是人生常态的真实写照。渐行渐远渐无书，他们从未越走越远，我也未曾料想过会"无书"，以至翻译书信集的最后一封时，并没有意识到那竟是最后一封不再有回复的信。一切戛然而止，我怅然若失。

基恩早期的翻译工作对其后来的写作与思考产生了深刻的影响，这对于译者未尝不是启发。书中涉及的文化人物、经典书籍颇多，译后，我的书架上也默默多出了许多想要仔细阅读的书。

感谢本书编辑对我的信任，让我有幸通过译书的方式，得以深入理解两位杰出人物和他们非凡有趣的灵魂。翻译结束之时，竟也感受到基恩创作完成时"深深的失落"。但我想，这本书的旅行才刚刚开启，我期待它与读者相遇，想象打开这本书，那浓浓的时代气息扑面而来时，字里行间，那些关乎读书与行路、生存与变化、记忆与遗忘、欢欣与失落的一切会唤起读者同样的感触与激动。如果能从这两位作家洋洋洒洒的文字中读到海阔天空，未尝不是书籍所能带给心灵的莫大慰藉。

云中谁寄锦书来，雁字回时，月满西楼。古今中外，毕竟，"非凡的日子不会离我们而去"。

王璨

2024 年 12 月